本专著获得

2018 年国家社科基金后期资助项目"中国代际流动性的理论与实证研究"（18FJY024）资助
大连交通大学学术著作出版基金资助出版

JIAOYU DE
BENZHI

教育的本质：

基于代际流动机制
视角的分析

JIYU DAIJI LIUDONG JIZHI
SHIJIAO DE FENXI

唐可月 ◎ 著

中国财经出版传媒集团

经济科学出版社
Economic Science Press

图书在版编目（CIP）数据

教育的本质：基于代际流动机制视角的分析/唐可月著.
—北京：经济科学出版社，2019.5
ISBN 978 - 7 - 5218 - 0589 - 5

Ⅰ.①教⋯　Ⅱ.①唐⋯　Ⅲ.①教育研究
Ⅳ.①G4 - 03

中国版本图书馆 CIP 数据核字（2019）第 112069 号

责任编辑：李　雪
责任校对：靳玉环
责任印制：邱　天

教育的本质：基于代际流动机制视角的分析
唐可月　著
经济科学出版社出版、发行　新华书店经销
社址：北京市海淀区阜成路甲 28 号　邮编：100142
总编部电话：010 - 88191217　发行部电话：010 - 88191522
网址：www. esp. com. cn
电子邮件：esp@ esp. com. cn
天猫网店：经济科学出版社旗舰店
网址：http://jjkxcbs. tmall. com
固安华明印业有限公司印装
710 × 1000　16 开　16.5 印张　200000 字
2019 年 5 月第 1 版　2019 年 5 月第 1 次印刷
ISBN 978 - 7 - 5218 - 0589 - 5　定价：66.00 元
（图书出现印装问题，本社负责调换。电话：010 - 88191510）
（版权所有　侵权必究　打击盗版　举报热线：010 - 88191661
QQ：2242791300　营销中心电话：010 - 88191537
电子邮箱：dbts@ esp. com. cn）

前　　言

在经济学中，对教育的经典论述是贝克尔（Becker）提出的人力资本理论。从个体的层面看，个体在比较教育收益和教育成本后进行教育投资的选择；从社会的角度看，教育具有社会收益和社会成本，国家进行教育投资具有很强的外溢作用，能够提高国民素质、促进经济的长期增长。因此，教育对于个体和社会都是非常重要的。早期的经典理论认为教育可以提高个体的人力资本，提高在劳动力市场上的收入和地位。

随着经济的快速发展，经济不平等程度加深，经济学家开始关注代际之间的收入不平等。关于这一问题，早期的经典理论是由贝克尔和托姆斯（Becker & Tomes，1979；1986）提出，他们区分了代内的收入不平等和代际之间的不平等。社会学家侧重研究代际之间的不平等，经济学家侧重研究代内的收入不平等。经济学家对于代际不平等关注的较晚。代际收入流动研究的是父代收入和子代收入的相关性，用代际收入弹性来衡量。学者对于这一问题的研究主要集中在三个方面：衡量代际收入弹性、剖析代际流动机制、提出政策建议。西方已经开始形成了阶层固化，我国对于这一问题正处于热议阶段。人们普遍认为随着收入差距的扩大，优质的教育资源正逐渐被经济优势的家庭占有，他们可以为孩子购买学区房、提供高质量的教育、去海外读书、利用他们劳动力市场上的网络资源帮助孩子找到好的工作。近几年我国名校农村学生入学的比例逐渐下降正可以说明这一点，许多家庭选择去海外读书，还有所谓的"官二代"等现象，人们非常关注的是目前代际收入流动的公平性，以及教育在这里所起到的作用：教育仍然是传统的改变命运的手段，还是成为富裕阶层的孩子保持社会优势阶层的中间机制？这些需要我们给予理论分析和实证研究。

本书将研究视角放在教育的本质作用上，探究教育在代际流动机制中作用的路径。很多学者已经验证了教育是重要的代际流动机制。本书的研究重点是打开教育的"黑匣子"，更为详尽地分析教育在代际流动机制中是如何发挥作用的。全书的内容分为：理论论述和实证研究。内容的逻辑关系为：理论论述部分首先介绍教育的一些经典理论作用，为后续的理论假设和实证研究做铺垫；然后梳理国内外对于教育在代际流动机制中作用的相关文献，在文献的基础上构建本书的研究假设，实证研究部分是本书的重点，分为四章去验证教育的代际流动机制及具体的影响路径；最后总结全书的结论，并针对结论提出政策建议。

具体的结构安排为：

第一章从经典的文献入手，总结提炼教育的主要作用。 教育的人力资本理论、教育的信号传递作用、教育的筛选功能、教育的分类和匹配作用、教育的代际传递机制，以及教育非认知能力的外溢作用。这些经典理论有益于研究者从全视角去理解教育的本质，为后面的研究假设奠定理论基础。

第二章为国内外最新研究进展评述。 介绍西方代际流动机制的最新研究成果，以及我国的最新研究现状。我国研究与西方相比，存在一定的差距，尤其是对于教育认知和非认知能力的研究比较少。而且在探究代际流动机制时，主要侧重于家庭范畴的影响因素，本书将加入社会或社区的影响，构建一个全面的代际流动机制模型，从比较宽的视角分析教育的代际流动机制。

总体上，教育的代际流动机制分为两个方面：家庭层面和社会层面。在家庭层面：父母会通过家庭收入或家庭净资产，影响孩子的教育投资费用和质量（如用"孩子的学校和班级是否重点"衡量），进而影响孩子的学习成绩和教育水平；父母的教育水平会提升父母的非认知能力，进而影响对孩子教育投资的方式和效率，最终影响孩子的学习成绩和教育水平。在社会层面：探究社会的教育资源，如班级规模和社区教育投入对孩子学习成绩的影响，对这方面的分析可以得出公共教育资源对教育获得的影响。

第三章至第六章为实证研究部分。根据上面构建的代际流动机制框架，采用回归分析和结构方程法，验证教育的代际流动机制，并深入分析教育在代际传递中发挥的三个作用：教育对非认知能力的影响、教育的婚姻匹配作用、教育对健康的外溢作用。

第三章验证教育的代际流动机制。本书的研究采用 2014 年 CF-PS 数据、2016 年 CFPS 数据及 2015 年 CHARLS 数据进行验证分析。这些数据的年份都是最新的，年份相近，可以用于比较分析。这一章主要用中间变量法的"条件收入弹性"和"布兰登（Blanden）分解法"验证教育的代际流动机制。其中"条件收入弹性"方法：无论采用基本的模型、还是选用加入年龄项的方程或者是加入控制项的方程，每一个模型加入了教育变量后，代际收入弹性都下降了，说明教育是一个影响机制。然后进一步通过布兰登分解法，计算了教育在流动机制中的贡献程度，CFPS 数据在 6% ~ 18% 之间，CHARLS2015 数据为 24% 左右，说明教育是非常重要的影响机制。最后采用结构方程的方法，验证教育在整个框架中的作用大小。

第四章分析教育的非认知能力。采用结构方程的方法：一是运用成人问卷，分析父代教育的非认知能力对子代收入的影响。验证了代际流动机制包括三个方面：第一，通过净资产（或家庭收入）提高子代人力资本投资，从而提高子代的收入；第二，教育的非认知能力，通过父代的教育水平产生作用，往往父代教育水平较高，会有更高的非认知能力，知道如何进行教育投资是最有效率的，在家中也可以通过有效的时间投资去提高子代的人力资本水平；第三，社会资本，即父代通过影响子代的工作选择去影响子代的收入。社会资本多半是通过父代的社会网络，可以帮助子代找到更好的工作，从而提高子代的收入水平，这方面的作用在验证过程中，由于数据的来源不是很贴切，因此得出的影响效果也比较小。二是运用少儿问卷，分析父代教育的非认知能力对子代学习成绩的影响。采用2014年和2016年CPFS中的少儿问卷数据，建立教育与学习成绩的关系模型。假设学习成绩高的孩子，未来在劳动力市场上会找到更好的工作，从而取得更高的工资。假设父代通过三个机制去影响孩子的学习成绩：父代的收入会影响孩子的教育水平，收入高的父亲，在孩子身上的教育投入也高一些；父亲的教育水平会影响孩子的教育投资，主要是通过父代的非认知水平，教育水平高的父母，会更为有效地投资孩子的教育，方式更为准确；还有就是父代会通过户口和关系，为孩子选择重点学校，通过学校的质量，提高孩子的学习成绩。得出的主要结论为：父母的教育水平影响了父母的非认知能力，主要改变的是父母的教育行为、情绪行为、家庭关系和孩子读书的数量，这些会显著地影响孩子的学习成绩。通过对子代的收入和对子代学习成绩两个方面的分析可以看出：父代教育的非认知能力对于子代的收入和学习成绩都有显著性的影响，在代际流动机制中扮演着最为重要的作用。

第五章分析教育的婚姻匹配作用。教育具有婚姻匹配和分类的作用，从而加剧收入分配的差距。通过整理配对的婚姻数据，分析婚姻中的教育相关性，并按照户口和年龄段分类，观察在城市和农村婚姻中教育的匹配情况，以及随着年龄段变化的趋势和特点。通过对比分析2014年CFPS数据、2016年CFPS数据及2015年

CHARLS 数据发现，研究结论基本一致，婚姻中有很显著的教育匹配性和收入匹配性，不同年龄段收入的匹配性比较稳定，但越年轻的夫妇教育的匹配性越明显，说明在婚姻中年轻人非常注重教育的匹配，这会进一步加大收入的不平等，不利于代际的流动性。

第六章分析教育对健康的外溢作用。主要分析了两个路径：第一个路径是父代的教育对自身的健康有显著的促进作用。通过基本模型可以得出教育对健康的影响，加入年龄和性别这些控制变量后，教育的影响程度下降了，这些控制变量分散了教育的一部分作用。另外，加入收入后，发现教育的作用不显著了，因为教育和收入是相互影响的，因此保留收入和一些控制变量，将教育去掉，用一些健康行为（如吸烟、锻炼、饮酒、饮食等）去替代，发现健康行为对健康产生了一定的促进作用。通过结构方程的方法，验证了教育对健康知识和健康行为有显著的促进作用。结构方程的分析结论为：除了收入、年龄和性别以外，教育扮演了重要的角色，教育并不是直接对健康产生作用的，教育会影响个体的吸烟、饮食和锻炼这些健康方面的行为，作用机理是通过教育的认知能力，能够判断什么样的行为对健康有益，并且有动力转化为健康行动。第二个路径是母亲教育水平对新生儿健康有外溢作用。通过 2014 年和 2016 年 CFPS 数据中母亲教育水平与子代出生体重和妊娠月份的关系，观察母亲不同教育水平下，新生儿正常体重儿和低体重儿的比例，以及新生儿早产与正常的比例。归纳总结母亲的教育水平对于新生儿健康的影响。得出的结论基本为：母亲的教育水平越低，新生儿出现低体重儿和早产儿的比例会高于总体的水平；随着母亲教育水平的提高，新生儿出现低体重和早产儿的比例会下降，说明母亲的教育水平会影响新生儿的健康，从而进一步影响子代的健康和未来的收入。这是母亲的教育在代际流动中的又一个传递路径，尤其是母亲的教育水平太低，会有很明显的劣势作用。

综上实证研究的结果表明：教育在代际传递中扮演了很重要的角色。学者往往不能验证教育的纯因果关系，教育的作用更多地体现为教育能够实质性地提高认知和非认知能力，产生很多方面的外溢作用，因此教育的代际流动机制不容忽视。

第七章为结论和政策建议。通过实证分析可以得出四点主要的结论：（1）教育是很重要的代际传递机制，发挥了不可替代的作用；（2）父代教育的非认知能力对于子代的收入和学习成绩都有显著性的影响，在代际流动机制中起着最为重要的作用；（3）年轻人的婚姻中更注重教育的匹配程度，在城市中婚姻的教育匹配性更强一些；（4）教育对健康有显著的外溢作用，教育的认知能力会形成健康行为。

需要我们深入思考的是，穷人的孩子是否很难通过教育来改变命运，社会公共政策在多大程度上能够消除父母和孩子之间传递的收入优势，达到社会公平。一些代际传递因素，是我们很难改变和控制的，如父母的天生禀赋遗传和父母对子女教育时间的投入，这些不需要去进行干预，是经济上的效率。但如果是由于信息的缺乏或是信贷市场的不完善，要通过政策去改进平等性和效率性。大量的研究表明，孩子在人生最初几年的投资不平等会导致孩子成就的差距，并对人生机会有长期的影响。因此，提出的政策建议为：提高父母的认知能力，实施家庭早期的干预项目；加强学校的支出、建设更好的初级学校；合理分配学区房的资源、形成更低的居住分割性；尤其是对于劣势孩子的关注和资助，促进更大的家庭稳定性。政府应该促进教育的机会公平和社会公平政策，对于提高代际的平等有很重要和深远的作用。

目录

第一章

教育的主要作用

第一节 教育经典的人力资本投资作用

20 世纪 50 年代开始，西方学者对于人力资本的研究被认为掀起了一场人力资本的革命（Human Capital Revolution）。主要代表人物有舒尔茨（Ted Schultz）、贝克尔（Becker）、明塞尔（Jacob Mincer），等等。这一时期的研究理论堪称经典，为后续的研究奠定了理论基础。这一部分，首先介绍这三个代表人物的基本思想，然后总结教育在人力资本投资中的作用。

一、贝克尔

贝克尔获得了 1992 年诺贝尔经济学奖，他关于人力资本理论最为经典的著作是 1964 年出版的《人力资本》，《人力资本》是西方人力资本理论的经典，是席卷 20 世纪 60 年代经济学界的"经济思想上的人力投资革命"的起点，此外贝克尔在劳动经济学方面的经典著作还有《生育率的经济分析》（1960年出版）、《家庭论》（1981年出版），这些著作对以后的研究具有很深远的意义。

在贝克尔的《人力资本》中，对于人力资本给出的定义为："一些活动会影响到未来的货币和心灵上的收入，通过增加人们身上的资源，这些活动我们称之为在人力资本上的投资。"这些投资的形式有：学校教育、在职培训、健康医疗和移民，搜集关于价格和收入的信息。人力资本投资是指人们通过接受教育培训而获得更高的劳动技能和创新能力。贝克尔还分析人们如何根据投资回报率做出人力资本投资的决定。经济发展的过程就是一个资本不断积累的过程，这其中既包括物质资本也包括人力资本，并且人力资本的累积能带来技术进步和创新，从而进一步提高生产率。

二、舒尔茨

舒尔茨是比较早提出人力资本理论的学者，被西方学者认为是"人力资本概念之父"。他在长期的农业经济研究中发现，促使美国农业产量迅速增长的重要原因已不是土地、劳力或资本存量的增加，而是人的技能与知识的提高。同时，他发现工人工资大幅度增长中有一部分尚未得到解释。他将这一部分归功于人力投资的结果。1960年，他出版了经典的著作《人力资本的投资》。舒尔茨提出的人力资本（human capital），指的是劳动者投入到企业中的知识、技术、创新概念和管理方法的一种资源总称。它的最主要特点是人力资源天然属于个人，可以交易。而企业就是财务资本和人力资本的一种契约关系。他认为，由教育、保健、人口流动等投资所形成的人的能力提高和生命周期的延长，也是资本的一种形式。

舒尔茨提出人力资本理论的核心观点就是，人力资源的提高对经济增长的作用远比物质资本的增加重要得多，并对经济发展动力做出全新解释。主要内容包括三个方面：

一是人力资本投资收益率超过物力资本投资的收益率。舒尔茨认为人力资本与物力资本投资的收益率是有相互关系的，认为人力资本与物力资本的相对投资量，主要是由收益率决定的。收益率高说明投资量不足，需要追加投资；收益率低，说明投资量过多，需要相对减少投资量。当人力资本与物力资本二者间投资收益率相等时，就是二者之间的最佳投资比例。在二者还没有处于最佳状态时，就必须追加投资量不足的方面。当前相对于物力投资来说，人力资本投资量不足，必须增加人力资本投资。

二是人力资本在各个生产要素之间发挥着相互替代和补充作用。舒尔茨认为，现代经济发展已经不能单纯依靠自然资源和人的体力劳动，生产中必须提高体力劳动者的智力水平，增加脑力劳动者的成分，以此来代替原有的生产要素。因此，由教育形成的人力资本在经济增长中会更多地代替其他生产要素。例如，在农业生产中，对农民的教育和农业科学研究、推广、应用，可以代替部分土地的作用，促进经济的增长。

三是舒尔茨运用自己创造的"经济增长余数分析法"，进一步证明人力资本是经济增长的源泉。测算了美国 1929～1957 年国民经济增长额中，约有 33% 是由教育形成的人力资本做出的贡献。

1960 年，舒尔茨在美国经济学第 73 届年会所做的"人力资本投资"的演讲，被称作人力资本理论创立的"宪章"，证明了教育对经济发展的巨大贡献。教育促进经济增长是通过提高人们处理不均衡状态的能力的具体方式实现的。所谓处理不均衡状态的能力，是指人们对于经济条件的变化、更新所做出的反应及其效率，即人们根据经济条件的变化，重新考虑合理分配自己的各种资源，如财产、劳动、金钱及时间等。舒尔茨称这种"分配能力"为处理不均衡能力。这种能力的取得与提高，主要是由于教育形成的人力资本的作用。这种"分配能力"可以带来"分配效益"，从而促进个人或社会的经济增长，增加个人和社会的经济收入。舒尔茨提出人力资源是经济和社会发展的重要原因的结论，这对整个经济学的发展产生了重大而深刻的影响，解开了第二次世界大战后日本、德国乃至西方国家经济迅速发展之谜。

三、明塞尔

明塞尔的研究要晚于舒尔茨和贝克尔，他的经典著作为：《人力资本研究》和《劳动供给研究》，他的思想被认为是现代的人力资本理论，是现代研究的经典和基础，1974年他特别针对教育出版了著作《教育、经验与收益》，他的研究既有理论模型，又有资料的实证分析，其研究结论影响到经济理论与政策制定。因此，被很多学者评为潜在的诺贝尔奖得主。

这里简要介绍他对于人力资本的概念及教育投资的主要观点：

（1）人力资本。人的能力在很大程度上是后天获得的，或通过在家庭与学校接受非正规与正规的教育，通过培训、经验及劳动市场上的流动而开发出来的。这些活动是要耗费成本的，因为它们既涉及由学生、受培训者及在劳动市场上流动的就业者直接的支出费用，也牵涉到这些人为从事学习、接受培训、实行流动所放弃的挣得或消费。由于得自于这些活动的收益主要是在未来逐渐增长的，并且其大部分是相当持久的，因此这种通过耗费成本获得人的能力的活动便是一种投资行为。健康状况的衰退和技能的损蚀或陈旧代表了人力资本的折旧，这些折旧通过保健和再培训这类维护活动而得到补偿（尽管不是无限期的补偿）。

（2）教育投资。最初，人力资本分析家几乎唯一地将注意力集中于学校教育投资。虽然自斯密以来经济学家就已经承认教育作为一种私人或社会类型的投资所具有的重要性，但是只是在近期经济学家才对有关教育的成本、收益及收益率的证据进行严密的概念性与统计性考察。将教育的收益率与其他投资的收益率做比较，不仅可以解释各自领域中的流量，而且能够从社会的视角显示投资的现存配置或投资的相关配置中的变化是否是理想的——如果能够形成关于社会成本与社会收益的估计的话。有意义的成本与收益概念是实际的、并且不仅限于用货币来表示的概念：除了货币挣得以外，教育就其本身而言也许是理想的，并且它会增加未来的生活乐趣。由于人们在这些方面的态度和认识不同，所以不同的货币挣得（或损失）对于不同的人来说也许相当于同一实际收益率。

一般地说，所观察到的对于教育投资的个人货币收益的偏差，部分是由于各个人在教育的非货币方面（作为消费构成因素）的差别及在接受教育过程中效率方面的差别所致，部分则是源于各个人的贴现率的不同。这些因素反过来又是由人们对于现在与未来的偏好差别及人们对于此类投资在融资条件上的差别所产生的。

大多数的估计显示了与商业性投资的收益率相当的收益率（尽管在较低的教育水平上这种收益率更高），并且它们在 1950～1970 年相当稳定。这些收益率在第二次世界大战之前持续地保持较高水平，而到了 20 世纪 70 时代开始出现暂时的下降。

可供利用的各种计算并没有包括成本或收益的非货币的或"消费的构成要素"。就这些要素在学校教育的收益中是正数并占有重要地位这一点而言，收益率是被低估了，尽管这并不必然影响收益率的历史变迁模型。此外，还区分开了私人与社会收益率。在计算私人收益率的时候，学生以及他们家庭的成本和收益是根据税后数据计算的，因而学校教育成本并不包括对教育的公共融资。相反，计算社会成本是依据税前挣得，因而教育成本是相关的教育系统的总成本（每个学生的平均成本），而不论其融资来源如何。计算真正的社会收益率的困难在于计量外部性的问题。如果社会的所得超过了所有学生挣得的总和，那么社会收益便被低估了。这里再次出现了一个令教育工作者赏心悦目的关于公共政策的假定，这就是这些教育的外部性是巨大的，并且是正面的。这是对由公共支持教育一个重要的（虽说几乎是无法验证的）经济证明，当然并不能由此得出对于学校的公共所有权的解释。

四、人力资本投资

人力资本在经济学中是一个旧有的概念，但却是一个较新的研究领域。劳动者所承担的劳动力市场投资主要有三种类型：教育和培训、迁移，以及寻找新的工作。这三种投资都包括一笔初始投资，并且投资者在做出这三种投资的时候，都希望自己在将来能够从中得到丰厚的回报。为了强调这些投资与其他类型的投资在本质上的相似性，经济学家将这种投资称为人力资本投资。人力资本投资包括在教育、培训及劳动力迁移等此类活动中积累下来的所有投资。

对劳动者的知识和技能所做的投资主要发生在三个阶段上：第一个阶段是早期儿童时代。在这一时期，一个人人力资本的获得在相当大的程度上取决于他人的决策，一个人的父母所拥有的资源，以及他们所提供的指导，再加上文化环境及早期的正规学校教育，会直接影响一个人的基本语言能力和数学能力、对待学习的态度，总体的身体健康状况及预期寿命（这些因素本身又会影响一个人的工作能力）。第二个阶段是青少年和刚刚成年阶段。这时，一个人大多是通过成为高中、大学或某一职业培训中的全日制学生的方式，来获得知识和技能的。第三个阶段是在进入劳动力市场之后。

在这一阶段，劳动者通常是通过业余学习来增加自己的人力资本投资的，投资的方式包括参加在职培训、上夜校或者参加持续时间相对较短的正式培训项目（罗纳德和罗伯特，2011）。

教育可以创造出积极的外部性，因此教育的社会收益要高于其私人收益。这些学者们的观点认为，教育系统已被社会作为一种对人进行分类的筛选机制，而筛选的依据则是人们的（天生）能力。这种观点将教育体系完全看成一种帮助研究者找出哪些人属于高生产率的手段，而不是一种强化劳动者的生产率的手段。对于筛选和信号的理论模型后面会更为系统地梳理和评述，这里只是简单介绍。一位正在准备雇用员工的雇主实际上永远也不可能完全搞清楚任何一位求职者的实际生产率。不仅如此，在很多时候，因为雇主在已经雇用某一位雇员很长时间的情况下，仍然可能并不能完全确定这位劳动者的实际生产率。雇主能够观察到的是他们认为与劳动者的生产率存在相关关系的某些特定指标，比如年龄、工作经验、受教育程度，以及他们一些个人特征，其中的有些指标是不可改变的，如年龄，而另外一些指标，如正规的受教育程度，却是可以被劳动者本人获得的。这些能够被个人争取获得的指标被称为信号。

对个人来说，投资于教育信号显然是有利可图的。但是，如果正规学校教育仅仅只有信号的价值，那么整个社会对于教育投资可以说一种资源浪费。在现实中，正规学校教育不仅仅是一种信号、还会提高个体的人力资本投资。但研究者在讨论学校教育的时候很难区分教育的信号作用和人力资本作用。研究者更多地注重教育在数量或质量方面的升级投资，其实更多的是利用教育的筛选作用。例如，多年前，达到高中毕业的教育水平就标志着一个人具有超出平均水平的智力和工作知识，在今天，却需要获得大学文凭。也可能人力资本提升的并不是很高，只不过发现，原来高中毕业就能够代表的智力和工作知识水平，现在却必须有学士学位这一信号来代表了。这一问题在欠发达国家显得更为重要，因为在这些国家中，一旦极端稀缺的资本资源的配置发生错误，其结果可能是灾难性的，会形成教育过度，对于这一问题，下面会进行详细阐述。

第二节　教育在劳动力市场的信号发送、筛选和分类作用

信号发送理论、筛选理论及分类理论是信息经济学的重要内容。信号发送（signaling）理论和筛选（screening）理论是信息经济学中关于自我选择过程的两个分支（Stiglitz，2000）。信号发送关注于交易中有信息的一方发送信号；筛选理论关注于没有信息的一方甄别，运用自我选择机制去筛选。这两个理论的差异源于博弈论的技术性，尤其源于知情者和不知情者谁先行动（Stiglitz & Weiss，1983）。分类（sorting）理论并不十分关注于博弈的技术性，可以看成是信号发送和筛选的结合。这些理论的应用十分广泛，如在旧车市场、保险市场、劳动市场等，由此发表的文献更是纷繁复杂。

本书的研究视角关注于劳动市场，劳动市场的信息不对称现象非常明显，而且这种信息不对称是双向的。这三个理论有一个相同的假设前提：认为劳动市场上存在着关于雇员特质或生产力的信息不对称，雇员是知情者，雇主是不知情者。这使得三个理论的发展既有相通之处，又有不同的关注范围和研究重心。

一、劳动市场信号发送理论

劳动市场信号发送理论由斯宾塞（Spence）在 20 世纪 70 年代创建（Spence，1973；1974），斯宾塞与阿克洛夫（Akerlof）和斯

蒂格利茨（Stiglitz）共同获得 2001 年度诺贝尔经济学奖，表彰他们在信息不对称的经济含义上所做的贡献。斯宾塞的早期模型中，主要分析了教育作为信号的模型。2002 年，斯宾塞在《美国经济评论》上发表了《信号发送回顾与市场的信息结构》一文，将其理论模型做了推进，着重分析引入教育生产力功能的理论模型。其他学者对这一理论的贡献主要体现在三个方面：（1）从博弈角度对斯宾塞的理论模型提出批判和修正；（2）对教育是否具有信号发送作用及需要的条件进行经验验证，强调与筛选和分类验证方法的融合，并比较信号发送作用和人力资本作用的大小；（3）运用斯宾塞的理论分析劳动市场的一些问题，如收入溢价（Lofstrom，2000）、失业（Ma & Weiss，1990）等。目前，国内研究只限于介绍斯宾塞在 20世纪 70 年代的模型，如吴昆（2001）。一些学者，如贺尊和汪小勤（2005）、赵成（2005）等运用这一理论解释了近年来伴随着高校扩招出现的一些现象，如大学生就业难、考证热和文凭热等，但他们主要是运用斯宾塞的早期模型进行解释，并没有关注这一理论近些年的新进展，并且也没有开展相应的应用研究。

20 世纪 70 年代以后，斯宾塞对信号发送模型进行了更为深入的研究，并在 2002 年《美国经济评论》上发表了《信号发送回顾与市场的信息结构》一文，分析教育可以提高人力资本时的信号发送模型、混同均衡和分离均衡并存的模型，以及一般的连续性模型。通过这些模型验证了信号发送均衡的基本特性，完善了教育作为信号的假设条件。

二、筛 选 理 论

筛选理论的重要代表人物是斯蒂格利茨，重要的文献是他在1975 发表在《美国经济评论》上的《筛选理论，教育和收入分配》

一文，提出教育是最初工作的主要决定因素，着重分析教育作为筛选机制的原理，教育系统可以决定筛选的好坏和粗细，并进一步阐述了教育的社会收益和私人收益的联系是不清楚的，这一点与信号发送理论及人力资本的分析均有所不同。除了教育可以作为筛选工具外，还存在其他一些筛选手段，如"职业发展"技能培训或罚金（Statt，1998）。斯蒂格利茨比较教育和工作筛选，从宏观的角度探讨了国民产出和收入不平等问题。随着理论模型的提出，引起学者广泛关注的是对教育是否具有筛选机制进行经验验证，研究思路是筛选组和非筛选组的对比分析。目前各国经济学家已经对二十几个国家，进行了三十几项验证，验证的结果并不一致（Belfield，2000）。研究表明教育在多大程度上有筛选作用取决于劳动市场和制度的本质，以及劳动市场的灵活性和竞争性。李锋亮（2003）在我国也进行了验证，得到了肯定的结论。但没有进一步探讨我国转轨经济中劳动市场的灵活性及行业的竞争性问题，这些问题的深入挖掘将更具研究价值。

三、分类理论

分类理论可以看成是人力资本理论的扩展，是信号发送和筛选的结合。人力资本理论关注的是学习在决定教育收益率的作用，分类理论认为教育既可以分类、又可以提高人力资本，是生产力差异的信号或过滤器（Weiss，1995）。

教育选择在博弈理论中有两个假设：一是个体不是很了解他自己的生产力，二是个体根据完成的教育进行测试。韦斯（Weiss）将分类和人力资本分析结合起来，教育可以增加生产力，若教育增加生产力使更有能力的工人分类自己，这些分类效应可能导致教育的投资不足。这个结论反驳了教育筛选模型的主要标准结论：若技能是层级的，一个人的生产力在一个工作比另一个人高，就表明他在所有工作中都是如此，就会有过度投资。分类模型与人力资本模型的共同之处是实际中教育投资可能很小。

分类理论认为个体的天生特性不同，更有生产力的个体选择获得更多的教育。教育和收入的正关系来自教育和一些天生特性的基本联系（Weiss，1983；1984）。获得更高教育的员工并不是随机的，而是具有一些共同的特性，如更低的离职率或缺勤率、不抽烟、不喝酒、不用违法药物、更健康等。雇主不可能利用离职率、缺勤率和生病情况来雇用工人。这些特性通常不能直接观察，并且通常也不允许企业用健康状况不良或生病可能性大作为雇佣标准，除非与工作业绩直接相关。然而，若低的教育水平与令人不喜欢的特性相关，雇主可以通过雇用教育更好的工人作为降低生病和工作转换成本的方式。反之，学生将选择在学校待的长度向雇主传递能力的信号。由于那些未观察的特性与教育水平相关，雇主发现那些特性导致个体在学校待的时间更长，因此雇主可以适当利用教育水平作为信号。

除了教育可以作为分类机制外，瓜施（Guasch，1980）分析了罚金可以用作自我选择机制。此外，雇佣试用期也可以导致工人的自我选择（Loh，1994）。那些接受带有试用期工作的雇员比没有试用期的雇员倾向于更有效率、更少离职。如果雇员害怕不能通过试用期，或是不能充分肯定他们的业绩，或是想离职，便不会申请有试用期的工作。而那些对他们的工作有更多自信，并且不会离职的雇员会接受有试用期的工作。

分类理论除了对教育信号发送假设给予验证外，还将劳动市场的教育、收入不平等和人力资本积累等问题联系起来，提供了更宽的研究视角。费尔南德兹（Fernandez，2001），以及费尔南德兹和罗杰森（Fernandez & Rogerson，2001）通过分类的视角研究教育文献认为，分类是一个决定资源的投入及人力资本积累收益的内在因素，并讨论个体如何通过邻居、学校和家庭分类，以及分类的结果对人力资本积累、公平性、效率和财富的影响。得出了几点结论：（1）在多变量的多社区模型中，个体按收入分类居住于社区，所有的本地稳定均衡必须是分层的，社区根据教育质量、收入税率、个体收入分层排列。（2）比较本地和州教育体系的动态结果可以看出，本地教育体系具有完美的分类，州教育体系在不同社区有相同的教育支出，个体的同质性会使总产出最大化。两个体系的相对优点取决于时间：短期，本地教育体系人力资本积累更多；长期，州教育体制更好。（3）家庭分类对教育转换和不平等的影响为：若经济开始于技能工人所占比例低的状态，则会持续保持这一状态及高不平等；若经济开始于技能工人所占比例高的状态，则会持续保持这一状态及低不平等。这些结论表明日益增加的分类对教育和不平等有重要作用，分类是资源投入和人力资本收益的内在决定因素。从理论角度看，分类程度的增加将导致具有高技能工人的工资更高、低技能工人的工资更低。分类的变化对不平等有更大的效用，教育平均年数的微小变化可能会导致收入分配的较大变化，国家层面的不平等可能会导致家庭层面上表现出更大的分层。

第三节　教育对健康的外溢作用

教育水平高的群体往往更健康。教育和健康的正关系可归纳为三种解释：第一种解释是教育对健康的因果关系；第二种解释是健康对教育的因果关系；第三种解释是可能存在不可观测的第三个变量（如时间或风险偏好），使教育和健康向同一方向变化。实证研究表明教育具有显著的健康收益，并通过健康形成代际效应。说明从教育的角度，健康可能是教育重要的非货币收益。从健康的角度，教育将是改进健康的有力手段。因此，教育政策可能是最为效率、长效地改进健康和减少健康不平等的政策工具。

教育是一种重要的人力资本，已经得到学者的广泛关注和研究。贝克尔（Becker）在 1962 年提出一个重要的思想，健康也是一种人力资本，并将人力资本理论应用到健康的研究中。但是，贝克尔研究的是企业内部的健康投资，例如：企业可以通过医疗检查、健康的午餐，或是让他们远离死亡率高的活动，来投资于雇员的健康，贝克尔认为投资健康就像企业提供的培训一样，会增加个体收入。贝克尔也提到，多数的健康投资是在企业之外的，如在家里、医院和医疗机构。因此，健康与教育一样，对于提高个体的收入和促进经济可持续发展具有不可忽视的作用。

学者们很快发现，健康和教育之间存在着正向的关联，教育水平高的群体往往更健康，教育与更好的健康产出相联系（Mocan，Naci H. & Duha Tore Altindag，2012）。对于这种正向的关系，学者们已经展开了大量的研究。格罗斯曼（Grossman，2008）将教育和健康的正关系归纳为三种解释方式：第一种是教育对健康的因果关系；第二种是健康对教育的因果关系，更好的健康导致更多的教育；第三种是教育和健康没有因果关系，可能存在忽略的或不可观测的第三个变量，同时影响健康和教育，如时间或风险偏好，使教育和健康向同一方向变化。

如果存在着前两种关系，那么政策含义是十分明显的。从教育的角度，这种关系的延伸意味着健康将可能是教育最重要的非货币收益的来源。从健康的角度，这种关系意味着教育将是改进健康的重要工具（Clark，Damon & Heather Royer，2010）。如果教育收益体现在提高健康上，教育政策可以作为提高健康水平的重要手段和政策方法。

传统观念认为健康是一个医学问题，从医学角度研究健康问题的文献最多。目前，在改进人口健康和解决群体健康不平等的问题，学者们和政策制定者经常关注的是健康支出和医疗保险的改革，最近的文献越来越多地关注于健康的社会决定因素（Conti，Gabriella，James Heckman & Sergio Urzua，2010），建议通过教育来解决一些健康问题。教育政策可能是最为效率、长效地改进健康的政策工具。

一、教育对健康的因果关系

最早关注健康和教育关系的是格罗斯曼（Grossman，1972），他在贝克尔人力资本理论的基础上建立了健康需求模型，确立了教育对健康因果关系的理论基础。教育通过两种方式影响健康：生产性效率（productive efficiency）和分配性效率（allocative efficiency）。生产性效率假设，教育会增加健康产出的效率。教育对健康有直接的影响，教育像是一种技术。生产性效率意味着教育更多的人，在同样的健康投入下产生的健康更效率，个体直接从健康中获得效用。分配性效率假设，教育对健康没有直接的影响，教育对健康的作用仅是通过健康投入的路径。例如，教育更多的个体有更多的关于吸烟有害的知识。另外，对新知识的反映更快，这些知识改变了健康行为和健康产出。分配性效率意味着，教育更多的人更会选择投入的分配，能够更为合理地分配资源，从而产生更多的产出，如更好的健康（Grossman，2008）。

教育究竟是通过生产性效率还是分配性效率发挥作用的，学者得出的结论并不一致。肯克尔（Kenkel，1991）的研究是非常具有影响力的，他同时验证了分配性效率和生产性效率。肯克尔认为：教育能够改进个体的健康知识，帮助人们更好地选择生活方式，教育更高的人更可能选择健康的生活方式。肯克尔采用 1985 年的 HP-DP 数据，运用健康知识的实际衡量方法，使教育的生产力角色被孤立出来。研究结论表明：教育与吸烟、饮酒和锻炼的关系被健康知识的差异解释了一部分，从而验证了教育的分配性效率。同时，发现控制住知识差异和收入后，教育对健康行为的多数影响还是保持了同样结果，说明教育也具有生产性效率。同样，阿尔丁塔格（Altindag，2010）等假设教育更多的个体掌握了更多的关于抽烟有害或是适量节食的信息，通过分析教育与健康知识的关系，验证了分配性效率，但也发现教育与健康知识的关系是很弱的，说明分配性效率可能不是教育改进健康的主要原因。莫肯和阿尔丁塔格（Mocan & Altinday，2012）研究发现，健康知识对健康行为确实有影响，但健康知识不能消除或减少教育对健康行为的影响，说明这一结果也支持了生产性效率假设。

而多数学者更为关注的是分配效率机制，探究教育究竟通过什么方式或作用机制来影响健康，并通过数据加以验证。

1. 教育影响健康的具体方式或作用机制

可以归纳为以下几种解释：（1）教育多的个体往往有更高的收入，可以买更多的健康产品和健康保险，从而导致很好的健康结果，这是最显著的经济解释。（2）教育多的个体会找到更好、更安全的工作（Cutler & Lleras – Muney，2006），远离疾病和焦虑。教育水平高的个体被雇用的可能性更大，相对找到更好的工作，获得更高的收入，有更高的自我满足感，这些能显著地改进健康（Ross，C. E. & C. Wu.，1995）。（3）研究最多的是通过教育、健康知识，健康行为的关系来解释教育对健康的因果关系。北川和豪瑟（Kitagawa & Hauser，1973）提出：教育能够直接通过增加健康知识来改进行为，或是间接地通过改进社会地位和财富，使自身更健康。其实，他们的研究包含了前文的前三种解释。罗森茨魏希和舒尔茨

（Rosenzweig & Schultz，1982）提出了认知能力的概念，认为教育会提高个体的认知能力，教育水平高的个体会掌握更多关于吸烟、饮酒和锻炼方面的健康知识，并更容易转变为健康的行为，从而变成健康的产出。罗斯和吴（Ross & Wu，1995）认为教育水平高的个体吸烟的可能性更小，去锻炼、健康检查及适度饮酒的可能性更大，这些都有利于健康。很多学者也进行了类似的研究，如桑德（Sander，1995）、肯克尔（Kenkel，1991）、利和迪希尔（Leigh & Dhir，1997）等。核心观点是：虽然健康行为不能解释健康差异的全部，但不同教育程度的人群健康行为存在差异，教育水平高的个体更能选择健康的生活方式。福斯（Fuchs，1982）、贝克尔和穆利根（Becker & Mulligan，1997）对于这一解释也给予了充分的肯定。莫克达德（Mokdad，2004）等估计，在美国近一半的死亡是由于不健康的行为因素造成的，尤其是吸烟、过度超重和过度饮酒，教育能使更多的人减少吸烟、控制和减少饮酒。（4）教育更多的个体，可能在社会中排名更高（Rose & Marmot，1981），所接触的配偶和朋友教育程度也很高，有很好的同辈（peer）效应（Berkman，1995；Meghir，Costas，Marten Palme & Emilia Simeonova，2012）。教育水平高的个体，对生活和健康的控制感觉更好，会获得更高的社会支持（Ross & Mirowsky，1989），更多地被关照、关注和评价，有交流的网络（Cobb，1976），这些有利于个体的健康。

前文这些研究将教育作为外生变量，认为教育影响健康主要是通过分配效率的机制（Grossman，2008；Mocan，Naci H. & Duha Tore Altindag，2012）。罗斯和吴（Ross & Wu，1995）将前文的四个机制都进行了全面的归纳和分析，并且运用两种健康衡量方法：自我报告的健康方法和物理或身体功能方法，进行验证和解释，支持了前文的假设。克拉克和罗伊尔（Clark & Royer，2010）认为由于缺乏数据，区分这些机制的相对重要性是很有限的。一些学者尝试性地区分这些机制，如卡特勒和勒勒斯穆尼（Cutler & Lleras -Muney，2010）研究表明，收入、健康保险和家庭背景可以解释30%，知识和认知能力可以解释30%，社会网络解释10%。

我们可以将前两种解释归结为教育的货币机制，主要是经济资源的差异；后两种解释归结为教育的非货币机制，主要是行为方式、社会网络和心理等因素的差异。卡特勒和勒勒斯穆尼（Cutler & Lleras -Muney，2006）得出了一个重要的结论，教育改进健康更多的是通过健康行为和习惯的积累，而不是通过收入或是物质财富的积累。教育的健康收益增加了教育的总收益至少15%，可能多达55%。

2. 检验教育和健康的因果关系

人们很早就关注到教育水平高的群体往往更健康。教育和健康的这种正关系被广泛而严格地证实，无论是从总体上（如死亡率）或是微观的（个体的自我健康状况报告或是生病的天数）分析（Mocan，Naci H. & Duha Tore Altindag，2012）。

最早研究的是北川和豪瑟（1973），他们采用半自然试验的方法，验证强制性教育对死亡率的影响。其使用1915～1939年强制性的教育法律作为教育的工具，获得教育对死亡率的持续性估计，去剖析国家层面的强制性教育政策和美国孩子的法律（在20世纪前半段）对死亡率的影响。很多州增加必须接受教育的年数，得出的结论是实行了强制性教育的个体，获得更多的教育，成年后死亡率更低。勒勒斯穆尼（Lleras - Muney，2005）的研究是最突出的，结论表明教育对死亡率的影响是很大的。每增加1年教育，在紧接着10年的死亡率会减少大约1～3个百分点，增加1年强制性教育会减少35岁以后的死亡率约3%。这一研究可能比以前文献里估计的更大，说明教育对死亡率有因果关系。

在英国（Oreopolous，2006）、爱尔兰（Arendt，2005）、丹麦和瑞典（Spasojevic，2003）、中国台湾（Chou et al.，2007）也进行

了同样的研究，结果表明最低教育法律改进了人口的健康。这些研究关注的是初级教育，大量的研究证实了强制性教育对死亡率下降的作用（Christenson & Johnson，1995；Deaton & Paxson，2001；Elo & Preston；1996），从总体上验证了教育对健康的因果关系。并且发现随着时间的变化，不同教育水平死亡率差异的不平等在加大（Palme，Marten，C Meghir & Emilia Simeonova，2012）。

柯里和莫雷蒂（Currie & Moretti，2003）探究了高等教育对健康的影响。他们用1940～1990年高等教育对健康影响的数据，将大学教育作为教育的工具，实证结果表明如果妇女所在地区很容易上大学，那么这些妇女比在其他城市的妇女更健康。他们用1970～2000年美国白人妇女的数据，发现母亲的教育与孩子的低出生体重有负关系，表明父母的教育对孩子的健康有因果关系。这些研究表明教育不仅对自身的健康有正向的作用，还会通过母亲对孩子的健康有正向的影响，说明教育对健康作用具有代际效应。

艾泽和斯特劳德（Aizer & Stroud，2010）也验证了母亲的教育对新生儿健康的影响。1964年第一次大范围地报道吸烟对健康有害，并公布了1959～1966年有抽烟习惯的怀孕妇女对新生儿健康影响的历史数据，自1964年报道后，教育水平高的吸烟母亲立刻减少了吸烟，新生儿的相对健康增加了，而教育水平低的吸烟母亲很少能做到。研究发现健康还有很强的同辈效应，教育水平高的妇女，周围人群的教育水平也高，吸烟的人相对较少。并且随着时间变化，教育对吸烟的妇女和新生儿的健康影响是持续增加的。这从另一个侧面解释了随着医疗知识的巨大改进，健康的不平等可能是增加的（Cutler，D. M. & A. Lleras－Muney，2006）。这意味着随着时间变化，教育的不平等会增加，通过教育对健康的因果关系，健康的不平等将不断地增加。

教育对健康的因果关系还扩展到很多方面，如在年龄、性别、种族和贫富上教育对健康作用的差别。卡特勒和勒勒斯穆尼（2006）研究表明，教育对健康的作用随着年龄增长发生着变化。教育对健康的作用随着年龄不断下降，教育的作用在五六十岁开始下降。在其他研究中同样表明教育对于年纪大的死亡率的效应很小（Elo & Preston，1996）。一些研究表明健康差异到了中年后会逐渐下降（Smith，2004）。爱德华兹（Edwards，2010）研究的主要贡献是，教育的健康收益看起来很强，并且随着时间单调地减少。教育可能对年轻人群体更为重要，教育在退休后就显得不重要了。

一些研究表明教育在性别上没有显著的差异。一些研究证实，教育对女性的健康影响主要体现在改善抑郁和肥胖上，而对男性健康的改善主要体现在改变过度饮酒上。一些研究表明男性比女性从教育水平的改进上受益。对比了黑人和白人，有的研究表明对白人的效应更大，而有的研究表明黑人与白人相比显示出了预期死亡率的减少（Christenson，B. & N. E. Johnson，1995）。在多数例子中，教育在不贫困家庭里比贫困家庭更起作用，表明收入和教育在健康生产上是互补的，这些研究有利于评估教育政策能作为健康政策的程度（Cutler，D. M. & A. Lleras–Muney，2006）。

3. 政策含义

马莫（Marmot，1994）比较了美国 1960～1986 年不同教育水平死亡率的差异。在其研究的所有的例子中，死亡率都是下降的，教育水平越高，死亡率下降得越多。并且对比了社会地位的高低，死亡率的差距在逐步扩大。还有一些实证表明，学校质量的投入会加剧教育的差距。因此，这些研究结果表明：教育政策对未来的健康有实质性影响，很可能改进健康最为有效和长期的效应是教育政策。

西方国家每年花费大量的钱用于提高医疗上，但是对于提高健康水平收效并不明显。传统的改进人口健康的政策经常是关注于健康保险、医疗保障体系的建立和普及。如果教育会导致健康，那么教育补助在改进人口健康上是非常有效的。教育政策是一种健康政策（Johnson，2010）。健康政策的制定者将采用这种关系。如美国的国家健康目标（healthy people 2010），包括高校完成率的目标，增加高中毕业达到90%；英国政府引用的潜在健康收益作为原因，强制教育年龄可能增加到18岁（Clark，Damon & Heather Royer，2010）。

此外，通常情况下，我们认为富裕国家的健康状况更好，但是富裕国家间健康状况仍然存在差异。马莫（Marmot，1994）对比了六个能够得到数据的经济合作与发展组织（OECD）国家的健康状况，发现日本是生命预期最长的，原因很可能是日本是收入分配最平等增长的。这为我们提供了另一个可能的政策建议，通过教育政策可以改进人口健康，改进收入分配或减少教育不平等有利于减少健康不平等。

二、健康对教育的因果关系

1. 研究内容

健康对教育的因果关系研究的核心内容为：孩子早期的健康对成年后教育获得的影响。扩展研究是：将父母的教育水平对孩子健康的影响加入进来，研究一连串的影响：父母教育水平对孩子健康的影响，进而孩子的健康对今后教育获得的影响。近期的研究焦点为父母的社会经济地位（如教育、收入、职业、居住地）与孩子的教育和健康的关系。研究社会经济地位（SES）和孩子健康之间的关系，以及孩子的健康与成年的教育、健康或收入的关系。

早期的经典研究是北川和豪斯（Kitagawa & Hauser，1973），阐述了教育在父母社会状况和健康的关系时扮演着核心的角色，在生命周期的早期更健康有利于今后获得更多的教育、更健康。柯里和莫雷蒂（Currie & Moretti，2003）验证了父母的教育和新生儿健康状况的关系。教育更多的妇女，收入更高、嫁给高收入的男人的可能性更大，有更好的健康行为。在某种程度上，更健康的孩子会更有生产力，成年后接受教育更多，这将成为重要的代际溢出。他们用新生儿出生的重量和妊娠期的年龄衡量健康的产出进行对比分析，数据表明1960～1970年新大学的大规模增加，对妈妈的教育有显著的影响。在过去30年里母亲的教育增加，对出生儿的产出有很大的正效应。母亲教育额外增加1年，低重量出生儿的比例减少10%，减少妊娠期年龄6%。这些效应的增加，源于教育影响母亲的行为（Currie，J & E. Moretti.，2003）。

目前，学者们越来越关注的是SES对孩子健康和教育方面的影响，卡特勒和勒勒斯穆尼（Cutler & Lleras - Muney，2006）、柯里（Currie，2009）等的研究非常具有影响力。他们将研究内容分为两个方面：一是父母的社会状况是否对孩子健康有正向的影响，二是孩子的健康对未来教育和劳动市场产出的影响。研究结果表明：父母的社会状况对孩子健康有正向的影响；更健康的孩子成人后可能获得更多的教育、更好的健康，在以后的劳动力市场中表现更好，取得更高的工资和社会地位。反过来：在生命早期健康更差的孩子，教育获得更少，在劳动市场上花费的时间更少，退休更早。身体状况更差的孩子限制了他在成人的发展，反过来造成下一代孩子的健康状况更差（Cutler，David M. & Adriana Lleras - Muney，2012）。在孩子时期的健康状况对成年的社会地位状况有直接和间接效应（Smith，2007；2009）。这样一连串的机制，表明健康将在经济地位的代际传递上扮演角色。因此，孩子的健康不仅对他自身很重要，对于他未来劳动市场的产出及他的孩子也很重要（Currie，2009）。

大量研究表明：健康与社会经济地位（SES）是等级性的相联系的，SES有健康效应。艾德勒（Adler，1994）等验证了SES和健康的梯度关系，研究表明 1986 年的等级联系年比 1960 年深。在戈德曼和史密斯（Goldman & Smith，2002）的文献中，发现在不同的时间、区域、性别、年龄，这种关系已经被广泛证实了。

2. 政策含义

研究的政策含义为：父母的教育和健康状况，通过孩子早期的健康，影响到孩子成人后的健康和教育，再进一步影响到下一代。健康通过教育的作用体现出很强的代际效应。

卡特勒等（Cutler et al.，2008）发现，一旦孩子的健康是给定的，经济资源对健康的作用就会减少。在成人阶段，收入和财富对健康没有很大的作用，而教育依旧在很大程度上决定着健康，说明健康主要是通过教育对行为的影响，而不是与资源相联系的。艾德勒和斯特劳德（Aizer & Stroud，2010）发现，随着科学知识和医疗知识的改进，健康的不平等在增加。虽然我们发现健康问题与低收入相联系，这并不意味着对父母的现金补助是解决这个问题最为有效的办法。柯里（Currie）讨论了很多有效地解决孩子贫困的计划，但给予现金补助去解决问题不是最必要的。健康的平等化不能充分地消除健康差距。我们需要更多地去理解为什么贫困的孩子遭遇了健康的负影响（Currie，2009），关键是要知道哪种类型的投资更有效率。传统的减少健康不平等的政策，关注的是改进健康保险范围及医疗改革。教育政策对未来的健康有着实质性影响，最为有效地去改进健康长期效应的政策是教育政策，教育政策是一种健康政策（Johnson，2010）。

三、健康和教育受第三方因素的影响

第三种解释教育和健康关系的观点认为：教育和健康之间没有直接的因果关系，教育和健康都受第三方因素的影响，使教育和健康向一个发向变化。第三方因素可以概括为口味，具体包括折旧、风险规避和未来的价值等。教育水平高的个体通常有更低的折现率、更看重未来、更有耐心，因此可能投入更健康的行为。

福斯（Fuchs，1982）是第一个进行实证研究的，验证时间偏好会导致教育和健康的因果关系。他认为教育和健康都由个体的口味差异决定，不同人群时间偏好率的差异可以解释与健康决定有关的差异。折现率低的个体投资于教育和健康会更少。实证研究表明：一个死亡率可能性为10%的，比死亡率为8%的时间偏好率高2%。

法瑞尔和福斯（Farrell & Fuchs，1982）的研究也表明增加一年的教育并不能导致吸烟行为的差异，第三方因素是导致吸烟和教育向一个方向变化的原因。通过增加教育来验证教育和吸烟之间存在着重要的因果关系时，数据并没有给予支持。此外，通过数据来验证第三方因素时，发现"社会阶层"可能不是一个很重要的第三方因素。因为数据表明：即使在回归变量上忽略了个体自己的教育，父亲教育的影响也很微弱或者是不显著。研究表明个体的能力可能是一个第三方因素，接受教育可能使个体更具有智慧，对于有利于身体健康的信息（如吸烟有害）能够快速地吸收或采取行动，教育决定了个体对时间折旧的差异。

贝克尔和穆利根（Becker & Mulligan，1997）认为折旧、风险偏好、对未来的价值，这些都会影响健康行为。他们发现时间偏好的差异超过了死亡率的差异，2%的生存率差异导致了时间偏好率的差异大于2%。他们的分析与福斯（Fuchs，1982）是相反的，他们认为是健康的差异导致了时间偏好的差异。因为健康状况更好的个体，死亡率更低，这会提升他们未来的效应水平。贝克尔和穆利根（Becker & Mulligan）认为教育会降低个体的折现率，使人们变得更有耐心，从而会使个体更有动力去坚持健康的行为，导致健康的结果，后面的这些分析，与前面的第一种解释是一致的。

此外，肯克尔（Kenkel，1991）认为，教育与健康行为的正关系可能还取决于一些不可观测的因素，如家庭背景、基因和其他个体的差异（如延期满足的能力），同样能够解释教育更多的个体更健康。例如，富裕的父母更可能投资孩子的健康和教育，聪明的个体更可能获得更多的教育，并更好地照顾自己（Cutler & A. Lleras - Muney，2006）。实证的结果不能区分各种解释的相对重要性（Kenkel，1991）。

对于教育和健康的正向关系，伯杰和利（Berger & Leigh，1989）验证了第一种解释（教育对健康有直接的因果关系）和第三种解释（健康和教育受没有观察到的第三方因素的影响），他们用四种方法来估计总体的健康：残疾、功能性限制、收缩和舒张血压。结论表明，教育对健康的直接效应比受第三方因素影响的效应更大，说明第一种解释比第三种解释更有说服力。但是，如果没有考虑第三方因素的影响，只是将所有的影响都归结为是教育对健康的直接影响，那么教育对健康的促进效应会被高估。这一研究结果有重要的公共政策含义，建议教育计划瞄准增加关于健康的公共知识，用来提高社会的整体健康水平（Berger，Mark & Leigh，1989）。

四、简要评论

以往人们关注的是教育作为人力资本对收入、经济增长的重要作用。健康作为一种人力资本，同样对收入和经济增长有一定的作用，因此深入研究和梳理这些理论可以丰富和深化健康经济学的理论研究，促进人力资本理论的完善和补充。

健康和教育会交织在一起，就像是"鸡和蛋"的问题。这些关系使我们重新审视教育和健康的关系及其对收入的影响。从教育的角度看，健康可能是教育重要的非货币收益；从健康的角度看，教育将是改进健康的有力手段（Clark，Damon & Heather Royer，2010）。因此，这种关系可以为我们分析问题和政策制定提供更为宽泛的视角。

我们需要关注的是教育和健康的互动关系，教育究竟通过什么机制、多大程度地去提高健康水平，教育的健康收益究竟是多少。我们将教育影响健康分成两种机制，一种是货币机制，一种是非货币机制，在货币机制中，教育会提高收入，或是找到更好的工作，使人们更健康，这是一种间接的作用。而非货币机制，主要指教育更高的个体，更看重未来，折现率更低，更愿意掌握和获取健康知识，更有动力将健康知识转化为健康行为，从而可能会产生更好的健康结果。我们更为关注的是后一种，因为前一种货币的机制我们可以通过提高医疗保障体系或是货币补贴的方法去解决。如果通过验证，在我国这种非货币的利益很大，那么就说明，教育的一个很重要的非货币收益是提高健康，我们很明显的政策手段就是要大范围地提高和普及义务教育。很显然，这里起作用的是正规的学校教育，并不是培训等职业教育，这意味着促进大学进入的教育政策有实际的健康收益。

我们并不是要否认政府提出的一些提高居民健康水平的重要措施，如医疗保障制度建设、建立国家基本药物制度、医疗卫生服务体系建设、基本公共服务均等化、公立医院改革等。现阶段，这些措施的收益是非常明显的，只是这些研究可能是对上面政策的补充和完善。理解由教育决定的健康差异的每一种机制的重要性，很有助于决定促进健康的政策（Conti，Gabriella，James Heckman & Sergio Urzua，2010）。

第四节　教育的婚姻匹配作用

有些学者论证了教育的婚姻配偶选择机制。即一个人倾向于与自己和父母有相似收入、教育程度和地位的人结婚，这样即使不存在血亲的家人之间也可以存在收入代际流动现象。克雷默（Kremer，1997）的研究发现在美国家庭中，配偶双方在受教育程度上的相关程度达到了0.6。查德威克和梭伦（Chadwick & Solon，2002）研究发现，丈夫和妻子的个人收入与他们各自父母的收入，以及配偶父母的收入有着很强且相等的相关性。布兰登（Blanden，2005）对加拿大的税后收入匹配数据研究指出，配偶的收入和父母的收入之间的关系很大，甚至要比自己和父母的收入之间的联系更大，且与男性相比，配偶选择对女性收入的代际流动性更加重要。

第五节　教育在代际流动机制中的作用

代际流动性的早期经典理论是由贝克尔和托姆斯（Becker & Tomes，1979；1986）提出的，他们区分了代际社会流动性和收入不平等的概念，构建了代际流动性的函数和衡量方法等，为后续的研究奠定了理论基础。代际流动性的研究主要集中于三个方面：衡量代际流动性的大小；探究代际流动的机制；并提出政策建议。近期，学者们（如 Clark，2014）更多的是从代际的影响因素入手，将影响机制与对流动性大小的验证融合起来，不是去孤立地衡量代际流动性的大小，而是结合不同的影响机制去验证，这样可以发现什么是主要的影响机制，从而提出相应的政策建议。因此，代际流动机制和影响因素成为代际流动理论研究的核心问题。

我国在这方面的研究起步较晚，但进展很快，从多角度探究了代际流动机制。我国学者研究比较多的是：人力资本（教育、健康）、社会资本、财富资本在代际流动中所起的作用。学者已经证明教育是重要的传递机制，但并没有深入挖掘教育在代际流动机中所起的作用。这方面的研究与西方相比，研究角度还不够细致。

　　教育的公平问题一直以来是世界各国、各个社会阶层所关心的重要问题之一。对于我国农村居民而言，上大学几乎是走出农村、改变社会身份和地位的唯一出路。然而，近些年来这条被视为唯一的出路变得越来越狭窄，农村学生能够进入我国顶尖高校的越来越少，农村孩子的教育问题引起了社会的广泛关注。教育的作用究竟是什么，教育是否可以作为改变命运的手段？本章，我们给出了教育的基本作用，这些理论都是教育具有的经济作用。的确教育在代际流动机制中扮演了重要的作用，但教育究竟是如何起作用的，这个"黑匣子"还没有被完全打开。本书的研究重点是打开教育在代际流动机制中的"黑匣子"，探究教育究竟通过什么机制去发挥作用，本章介绍的教育的基本作用也将作为后面分析的理论基础。

第二章

教育的代际流动机制作用研究述评

本章将学者关于教育代际流动机制的研究进行梳理，评述西方学者和我国学者的研究贡献与最新研究趋势，在此基础上构建本书的研究假设和概念框架，为后面的实证分析提供理论基础。

第一节　国外研究的最新进展和评述

代际流动性理论的早期经典理论是由贝克尔和托姆斯（1979，1986）提出的。贝克尔和托姆斯（1979）区分了代际社会流动性和收入不平等这两个概念，并构建了代际流动性的函数。代际社会流动性通常指在同一个家庭的不同代之间的收入不平等；而收入不平等通常指在同一代的不同家庭之间的收入不平等。社会学家主要关注的是代际流动性；经济学家关注的是一个代际之间的收入不平等。

对于代际流动性的研究主要集中于三个方面：父代和子代职业的相关性、父代和子代收入的相关性，以及父代和子代教育的相关性。早期学者主要探究的是父代和子代在职业方面的相关性；后来开始研究父代和子代收入的相关性，由于一生的收入数据较难获得，一些学者开始研究父代和子代教育的相关性。总体来看，研究较多的是父代和子代收入的相关性，并且将收入取自然对数，得到的相关系数为代际收入弹性，用 t 表示，则 1 - t 为代际收入的流动性。父代和子代的代际收入弹性越大，说明他们之间的收入相关性越强，代际收入的流动性越小。

对于代际收入流动性的研究主要是三个方面的内容：衡量代际收入弹性的大小；探究代际流动机制；提出对策建议。早期的研究侧重于衡量代际收入弹性的大小，并认为家庭是主要的影响机制，在家庭中主要通过父母天生禀赋的遗传及人力资本投资，父母的收入水平越高，越倾向于投资子女的人力资本，从而提高子女的收入水平。后来，学者更多地关注影响机制，因为只有深入地探究影响机制，才能更好地提出政策建议。因此，近期的研究都是将探究影响机制和估计代际收入弹性的大小结合起来。

代际流动机制已经成为代际流动理论研究的核心问题。早期理论认为家庭是主要的影响因素，家庭中父母通过天生禀赋遗传和人力资本投资来影响孩子，此外父母的认知能力、信息获得水平对孩子的投资也起到非常重要的作用。社会影响因素，如借贷约束、教育支出、奖学金等都对劣势家庭有显著性的影响，可以更好地促进认知能力和非认知能力的提高。近期的研究趋势是大家庭或大环境的影响，尤其是研究人口流动，如地区性迁移和移民对代际流动的影响。西方的研究大约1979年开始，研究内容丰富，对于代际流动机制的探究细致深入。

将国外学者对于教育在代际流动机制中作用的文献进行梳理，总体来看，教育所起作用的范畴体现在两个方面：一是家庭层面；二是社会层面。

一、家庭层面

早期理论认为代际流动机制的两个主要解释为：一是特质的遗传，孩子更多的遗传了父母的特质、个性和偏好。这是一种天然的传递机制。二是收入更高的父母，更有偏好去投资子女的教育，因为他们的财富更多，倾向于对孩子进行更多的人力资本投资。

1. 家庭收入对代际流动性的影响

家庭收入和孩子的教育有明显的正关系。如洛肯（Loken，2010）研究发现家庭收入增加 10%，孩子的教育水平大约增加 0.1%。但是是否存在着因果关系实证研究没有达成一致。他们利用 1970 年挪威的油价冲击代表了家庭收入的增加，而且与父母的能力和教育水平是不相关的，用来估计家庭收入对孩子教育的因果影响，结果表明没有因果关系。一个原因是在挪威有完美的资本市场，家庭可以为孩子的教育获得借款；此外挪威对于儿童有很高的公共投资，所有高中学生都符合条件从政府那里得到资助和奖学金去完成教育。如果政府的干预去除，家庭收入可能对孩子的教育获得有影响。谢阿（Shea，2000）等的研究也没有发现存在因果关系。

另外，一些研究（Blanden & Gregg，2004；Oreopoulos et al.，2008）认为存在着一点因果关系。邓肯（Duncan，1998）等用双胞胎的模型证实了孩子早期的家庭经济条件对完成教育有着重要的决定性因素，尤其是对低收入家庭的孩子。家庭收入对孩子教育的影响，在低收入家庭比高收入家庭影响更大。科尔尼和莱文（Kearney & Levine，2014）运用了五等份的调查，分析表明社会经济地位低的学生尤其是男孩，他们在收入不平等的最低层，在高中更可能辍学。卢卡斯和克尔（Lucas & Kerr，2013）用芬兰的家庭收入对孩子的影响数据，也证实了家庭收入尤其是儿童阶段的家庭收入，对孩子收入的影响更为重要。

2014 年，帕佩（Papay）等研究了以收入为基础的教育获得的差距，尤其是随着时间的变化。在美国，低收入家庭的孩子比高收入家庭的孩子有更低的成就和更少的教育获得，高中时期低收入家庭的孩子在分数和进入的学校上，已经被高收入家庭的孩子拉下了，这个差距在更高的教育获得上变得更大。很显然，贫困对低收入的年轻人产生了很实质的不利影响，劣势的孩子花更多的时间去达到教育的目标，包括高等学校的毕业。但是，以收入为基础的教育获得的差距和学术技能的差距，过去几年在减少，虽然研究结论不完全一致，但不可否认的是低收入家庭对孩子的教育获得有很不利的影响。

2. 教育水平对代际流动性的影响

父母的教育对孩子教育的影响，没有一致的结论。布莱克（Black，2015）通过强制性教育的研究，没有发现因果关系。1960 年挪威教育法律发生了巨大变化，将强制性教育从 7 年级扩展到 9 年级。这个改革使得父母的能力没有发生改变，只是增加了父母的教育，他们研究了父母教育的增加对孩子教育的影响，并没有发现父亲教育和孩子教育的因果关系，而是发现了显著的母亲教育和儿子教育的因果关系，也没有发现母亲教育和女儿教育的因果关系。彼得斯（Peters，1992）也证实了父母的教育和孩子教育之间没有什么因果关系，一个例外是母亲和儿子，母亲增加教育获得，儿子会获得更高的教育。

奥列奥普洛斯（Oreopoulos，2006）等研究了美国义务教育增加，使父母的强制性教育增加，没有影响父母的天生能力或禀赋，研究结果表明无论是父亲还是母亲，教育增加 1 年，孩子会减少重读 1 年的比例为 5%～7%。如果父母的强制性教育会显著降低辍学的可能性，意味着教育政策可能会减少部分的代际传递不平等，或者说代际不平等可以部分归结于环境因素。

大量的研究表明，孩子在人生最初几年的投资不平等会导致孩子成就的差距，并对人生机会有长期的影响。提出的政策建议为：应该意识到不利的学生要花更长的时间去达到教育的目标。对于低收入家庭的孩子，应该如何使他们在某种可能的程度上与高收入家庭的孩子竞争。

3. 父母的认知和非认知能力对代际流动性的影响

学者认为代际效应更多的是通过父母的认知能力去发挥作用的，教育水平更多的父母倾向于投资更多的人力资本，选择更好的学校，与老师沟通的更多，或是给孩子读书的时间更多，等等。也就是说通过父母的社会经济地位（如教育、收入、职业、居住地）去影响孩子。

现在越来越多的学者研究发现，认知能力（如偏好和信念）的异质性，在解释教育投资差距时扮演了重要的角色。如库尼亚（Cunha，2013）建立一套问卷，衡量父母的信念，发现黑人父母对于价格的反应更有弹性，倾向于汇报更低的预期参数。黑人父母对于认知的发展有更低的估计，这会影响到他们对于孩子的人力资本投资。同时，数据显示，早期投资的收益高，而晚期投资的收益低。例如，给年轻人奖金去完成高中教育或是改进奖学金的补助去促进大学的进入，对于减少教育获得和劳动力市场上的差距是很有限的。相比之下，增强早期教育，对于改进劣势孩子在劳动力市场上的产出有实质性的作用。早期投资会产生非常基本的技能，以便于以后获取更高的教育收益。霍克斯拜和特纳（Hoxby & Turner，2015）实证研究了信息的干预对于大学申请的影响，对比了学生在申请大学时获得信息和没有获得信息的差别。信息干预确实改变了学生的信息度，低收入、高成就的孩子倾向于不去申请有选择性的大学，除非他们获得信息会获得丰厚的财政资助。

父代教育与子代教育的因果关系及其机制分析的研究发现，教育背景较高的父母通过对其子女投入更多的陪伴时间及更多的沟通交流，并且能够参与到子女的朗读、写作和德育辅导及学校的活动，这些父母对孩子的陪伴和参与其子女活动能够增加子女获取更多教育机会和接受更高层次的教育水平（Guryan et al.，2008）。

考库特（Caucutt，2015）等提出四个机制去解释，为什么穷人家的孩子在劳动力市场上表现那么不好，并分析这些机制哪一个更能影响家庭对孩子的投资。第一个机制是在能力上的代际相关性。孩子和父母的能力可能是天然相关的（Becker & Tomes，1979；1986）；第二个机制是投资的消费价值。如果投资会对父母产生一个直接的效应，会使孩子在未来的劳动力市场上收益更高，父母将会选择投资更多。低收入和高收入家庭会对人力资本投资持有不同的本能价值，高收入的父母可能会很享受在孩子身上的投资；第三个机制是信息的摩擦。低收入家庭的父母可能对于投资在孩子身上生产力的信息更少。例如，贫穷的父母可能错误地认为投资在孩子的早期是没有生产力的，或者是贫穷的父母可能认识到了投资孩子的重要性，但是不知道哪一种投资活动是更有生产力的（Cunha et al.，2013；Cunha，2014；Dizon－Ross，2014）；第四个机制是信贷的约束。贫穷的家庭没有能力去最有效率的投资他们的孩子，因为他们的借贷受到限制（Becker & Tomes，1979，1986；Caucutt & Lochner，2006，2012；Cunha et al.，2006；Cunha & Heckman，2007；Cunha，2013；Lee & Seshadri，2014）。其中，第二种和第三种解释，可以认为是父母的认知能力对孩子的影响，而信贷约束可以认为是家庭之外的社会因素。

这样可以将家庭的影响因素扩展为父母的禀赋、收入、教育、偏好、认知水平、信息程度等。其实，这些研究与家庭的社会经济背景（SES）对孩子教育和劳动力市场的影响是很相似的。

贝克尔和托姆斯（1979）研究了封闭社会和开放社会的流动性不同。在封闭社会里，天赋的继承性更大。在一个封闭的社会比在一个开放的社会里，流动性会更小。因为在一个封闭社会，堂兄、姑姑、侄子、祖父母和祖孙，以及其他家庭成员的相互联系更大。旺切克（Wantchekon，2015）等发现侄子和侄女可以直接从叔叔的教育中获益，教育水平高的叔叔可以影响到扩展的大家庭，并且发现在家庭和邻居之间存在着显著的教育外溢效应。

二、社会层面

社会层面主要是从公共教育资源的分布、教育机会平等性等方面探究教育对代际流动性的影响。

1. 借款约束或奖学金资助

1980 年及 2000 年，上大学与认知能力或是学习成绩有很强的正相关关系，但那时家庭收入和大学之间的关系是很弱的。近年，家庭的收入和上大学的关系变得紧密（Lochner & Monge – Naranjo，2011）。贝莱和洛克纳（Belley & Lochner，2007）发现相比较 1980 年，家庭收入的作用大致是其的 2 倍，说明父母的财力资源对于上大学起关键作用。这些结论，又引起了对大学生财政资助角色的探讨和争议。

家庭资源对于教育决策有更重要的作用。但经济学家长期认为，借款市场的不完全，对于教育决策扮演了一个重要的角色。很多研究证实了家庭借款约束对于孩子在早期及今后的人力资本投资中起着决定性的作用（Carneiro & Heckman，2002）。考库特和洛克纳（Caucutt & Lochner，2012）发现大约一半的年轻父母和 12% 年纪大的父母面临着借款约束，尤其是那些教育水平高的父母，他们承担着贷款去融资他们自己的教育，并且倾向于有更高能力的孩子。放松借款约束对于这些大学年龄的年轻人或是年纪大的父母的人力资本投资几乎没有作用。在短期，放松贷款约束可以增加年轻父母小一点孩子的早期投资和大一点孩子（如高中毕业和大学）的晚期投资。早期的干预倾向于比以后的干预更有利于改进人力资本投资。11 岁之前，家庭接受 10000 美元，可以减少高中辍学 2.5%，增加大学进入 4.6%。同样，在 12~23 岁增加家庭收入，教育产出的效应就会少很多。很多学者（Cameron & Taber，2004；Shea，2000；Cameron & Heckman，2001；Keane & Wolpin，2001；Leslie，1984）的研究证实，放松借款约束确实可以导致净的借款增加，但放松借款约束几乎对成年人的教育获得没有什么影响，他们会对年轻人的其他决策有重要的影响，会减少他们在大学时的打工，增加在大学时的消费。如果借款约束的个体面临着更高的利率，他们需要更高的教育收益。因此，早期的补助，与晚期相比，会产生更大的短期和长期的人力资本获得。政府应该在早期干预，减少上大学的精神成本。

教育水平高的父母，希望获得更多的借款投资于他们的孩子。教育水平低的父母，想得到更多的借款用于他们目前的消费。贷款约束的放松是一把双刃剑，短期会增加人力资本，长期则会减少家庭财产。布朗和塞萨德里（Brown & Seshadri，2012）的模型假设父母面对的是完全的借贷市场，他们关心自己的消费及孩子的福利，孩子不能对于未来的收入借款，并且仅关心他们自己的消费，不关心他们父母的消费。如果父母是很穷的，可能不太关心孩子的效用，因为父母得不到孩子的教育收益，以至于不提供财政的支持给孩子上大学，孩子的教育可能是次优的。如果这时有财政资助，就会增加教育获得。因此，借款约束对父母不愿意或是没有能力投资具有一定的作用。老（Rau，2013）等调查了 2006 年在智利（Chile）的州保障贷款项目，发现给学生的贷款可以增加大学入学率，减少辍学率，这个项目对低收入和低技能的个体更有效。但是这些学生的工资比非受益者的工资低，说明只是保证了他们上大学，并不能保证教育质量。

而对学费进行补助，或是提供奖学金的资助，与放松借款约束的作用是一样的。在美国通过对学费进行大范围的补助可以促进大学的进入（Kane，1995）。安格里斯特（Angrist，2014）研究表明，给内布拉斯加州（Nebraska）公立的学院和大学大量的私人资助项目，可以增加大学入学率，使那些处于劣势的孩子状况变好。奖学金资助会与减少学费有同样的作用，只要资助的申请过程相对简单。马克思和特纳（Marx & Turner，2015）研究表明，增加1000美元的财政资助（或是减少学费），大学进入的可能性会增加3%～4%。佩尔补助金（The Pell Grant）项目的目标是放松借款约束，额外增加资助1美元，每年会减少借款大约0.43美元，但也会挤出将近100%的借款者。佩尔奖学金资助减少了借款，每1美元挤出1.80美元的借贷。对教育获得几乎没有任何影响，多数学生并不面临着借款约束，这个结论与借贷约束下的教育投资的传统模型是一致的。

研究发现目前美国的财政资助系统改进了福利，如果去掉的话，在长期会减少国内生产总值2个百分点。短期的资助效应是很可观的，长期的效应要小3～4倍。政府的支出，也会挤出家庭的支出。并且政府每增加1美元的资助会挤出20～30美分的父母的转换（Abbott et al.，2013）。近些年，大学教育成本和收益的剧烈增加使美国学生对借贷的需求增加。20世纪90年代中期，越来越多的学生已经用尽了从政府那里可以得到的贷款，转向私人的额外借款。不断增加的教育借款和失败率表明一些学生可能是借款太多了，超出了他们的偿还能力，有的学生则借的太少。所有这些都意味着现在的贷款环境是不效率的（Lochner & Monge - Naranjo，2015）。因此，从宏观角度看，探求最优的借款条件，有效地分配借款资源促进教育获得具有十分重要的意义。

2. 学校的支出

研究表明，学校支出可以减少低收入或是劣势家庭孩子的教育辍学，并对收入产生一定的影响。杰克逊（Jackson，2014；2015）等系统地研究了美国教育支出的变革对于孩子长期产出的影响。美国的学校财政改革开始于1970年的早期，1980年加速了进程，历时12年，是美国教育支出最为巨大的变革。结果表明，没有发现对于非贫困家庭的影响，而对于贫困家庭的孩子效果是很显著的，每名学生的教育支出增加20%，高中教育完成率增加22.9%，总体的教育完成率增加0.928，成年后的收入增加24.6%，贫困减少19.7%。

奥列奥普洛斯（Oreopoulos，2014）等的研究也支持了这一结论，他们对于在多伦多（Toronto）最大的公共住房项目的9年级学生给予了支持项目，发现对于社会经济背景差的孩子，高中毕业率和大学加入率显著增加了。项目的时间从2001年至2007年，项目包括：积极的监督每个学生、每天辅导、群组活动、职业商讨和大学转换的帮助。因此，政策建议为：对于社会经济地位处于劣势的孩子，改进学校的资源可以显著地减少贫困的代际转换。

3. 干预家庭教育

大量的研究表明，对低收入或是劣势家庭的孩子干预有很明显的作用，尤其对孩子的早期投资在成年后会有很大的收益，是促进平等的有效政策。

邓肯和索杰纳（Duncan & Sojourner，2013）估计了两年为基础的激励干预，如果从1岁开始干预，3岁时项目结束，对于低收入的孩子，可以在本质上消除以收入为基础的差距；如果在5～8岁时进行干预，减少差距是1/3～3/4。这种早期的干预，IQ低的孩子比

IQ 高的孩子收益更大。格特勒（Gertler，2013）等发现在牙买加对
儿童早期的简单心理干预（如交给父母技能、鼓励父母去接触孩
子、和孩子玩耍，以及发展他们孩子的认知和个体的技能），对于
社会经济地位差的孩子有实质性的效果，可以改善他们在劳动力市
场上的收入，减少今后生活的不平等。格特勒等研究了参与者 20
年，发现干预组的平均收入比不干预组的平均收入高出 42%，说明
在发展中国家，对社会经济地位低的儿童进行早期的干预，对今后
的劳动力市场的长期产出非常有效。

近几年，大多数学者深入分析了干预对于认知能力和非认知能
力的影响。赫克曼和劳特（Heckman & Raut，2013）证明了学前投
资显著地增强了认知和非认知的技能，尤其对于社会经济地位低的
孩子会产生正的社会净收益。认知技能用 IQ 和教育年限来衡量；非
认知技能用社会化的技能、动机技能、自信技能、自我概念技能来
衡量。其研究结论表明：学前投资可以改进代际收入流动，从
0.5945 增长到 0.6468（衡量标准是 0 ~ 1）；改进学校的流动率，从
0.6609 增长到 0.6863（衡量标准是 0 ~ 1）；增加了没有接受过大学
教育父母的孩子的学校完成率，从 10.16% 增长到 13.76%；减少了
代际收入的不平等，用基尼系数衡量的，从 0.2363 减少到 0.2335
（标准是 0 ~ 1）。提姆（Tim，2014）等发现在早些年认知和非认知
技能都是高度可锻造的。在成年里，非认知技能比认知技能更可锻
造。在任何年龄段，非认知技能在不同的任务上都是稳定的。非认
知技能受家庭、学校和社会环境的影响。实证表明，早期的儿童计
划比成年的项目有更高的收益，多数成年的干预计划不像儿童早期
和初等教育的项目那么成功，高质量的早期项目对于非认知技能有
持久和有益的影响，早期的儿童项目应定位于弱势的孩子。沃尔特
斯（Walters，2014）运用领先（head start）项目，也得到了相似的
结论。与其他的中心相比，这个中心增强了认知的技能，这个中心

提供了很频繁的家访，对于提高非认知技能尤其有效，并且对于受教育很少的母亲是更有效果的。

当然，也有一些研究不支持这一结论。多伊尔（Doyle，2013）等对爱尔兰的弱势家庭进行了 5 年的家访项目，主要关注于父母的行为和家庭环境，结果表明几乎不起作用。实际上，欧洲的一些国家几乎不关注儿童的早期干预，多数研究表明在达到十几岁或是成年时会有高收益。这是由于社会、经济和文化的差异，尤其是社会福利系统的差异造成的。

多数的研究表明，外部因素，如借贷约束、教育支出、奖学金等对劣势家庭有显著性的影响。因此，减少代际效应的不平等，可以考虑如何从各个方面对劣势家庭进行干预。当然，这些资金的使用对家庭支出会产生一定的挤出效应。

第二节　国内研究的最新进展和评述

我国学者对于代际流动理论的研究大致从 1995 年开始，经历了 20 多年的时间，与西方国家相比，我国的研究时间较短且研究还不够深入细致。早期比较有代表性的研究为：王海港（2005）、尹恒等（2006）、郭丛斌和闵维方（2007）的研究。他们主要侧重于估计代际收入弹性，并验证我国的代际流动机制。从 2008 年开始，我国出现了大量的数据库，如 CHNS、CFPS、CHARLS 数据等。随着研究数据时间跨度的增加，学者的研究也逐渐增多，对我国的代际流动问题有了日渐清晰的认识。对于代际流动性的研究主要集中于两个方面：一是估计代际收入弹性；二是探究代际流动机制。开始时，学者主要是验证我国的代际收入弹性，并与西方国家进行比较，发现我国的代际收入弹性居中，开始出现阶层固化的趋势（何石军和黄桂田，2013；周兴和张鹏，2013；方鸣和应瑞瑶，2010；徐晓红，2015；高艳云和王曦璟，2017）。近几年研究逐渐丰富细致，从2016年开始，学者也比较注重研究代际流动机制，得到的研究结论中比较多的是：人力资本（教育）、社会资本、财富资本和健康投资在代际流动中所起的作用（陈琳和袁志刚，2012；邹薇和郑浩，2014；邸玉娜，2014；杨新铭和邓曲恒，2017；阳义南和连玉君，2015）。

目前学者们更多的是将探究代际流动机制作为研究重点，学者研究最多的是教育在代际流动机制中的重要作用。同时，国内学者还特别关注的是人际网络所起的作用，如陈钊等（2009）、杨瑞龙等（2010）、陈琳和袁志刚（2012）。何石军和黄桂田（2013）把父母具有的社会网络效应与权力效应分离出来，高收入的父母具有更大的社会网络，因而更有利于子女在劳动市场的表现，是一种降低社会流动性的因素，但由于代际网络是一种效率提高的机制，因此必须对此尊重并进而提高对父母努力的激励。但是，行政权力是不利于代际收入流动的非效率因素，行政权效应的存在是基于对权力的使用而使得市场效率扭曲来提高子女的收入，因而是需要制度建设加以限制的，从而使得社会的流动更加公平。同时，一些学者从公共教育的角度对我国代际流动机制提出对策建议。我国学者在早期的研究中，主要沿袭了西方国家早期的模型，从家庭的视角探究教育、职业等这些影响机制，并且更多地从公共教育的视角提出对策建议；近些年，开始注重研究公共教育对代际流动性的影响。因此，在本书文献综述部分，从家庭的教育投资和公共教育两大方面去梳理国内学者的研究，评述教育在代际流动机制中的作用。

一、家庭层面

富有的家庭可以支付较高质量的教育，从而通过教育来提高子代的人力资本，进而提高收入。这一点也是舒尔茨和贝克尔人力资本理论的主张。我国较早地验证了教育在代际流动机制中扮演着很重要角色的是郭丛斌和闵维方（2007）。邹薇和郑浩（2014）从教育投资的风险和决策的角度解释了低收入家庭持续性贫困的问题。家庭贫困带来的风险溢价会成为其投资中的一项额外成本而削弱教育投资的吸引力，教育的机会成本和未来收益的不确定性也会影响教育投资决策。人力资本投资对于摆脱贫困十分重要，但是资料显示，相比高收入家庭，低收入家庭普遍的无法或者不愿让自己的子女接受较高的教育。在低收入家庭中，个体进行人力资本投资的意愿与其收入水平正相关，即贫穷的家户进行人力资本投资的意愿更低。分位数回归分析发现，对于人力资本投资意愿极强或极弱的个体，收入的变动对他们投资意愿的改变有很强的影响，而意愿居于中间的个体，人力资本投资的预期收益和机会成本对其意愿的改变影响则更大。

很多学者都是同时验证教育、社会资本等几个方面都是影响机制的（方鸣和应瑞瑶，2010；陈杰和苏群，2015）。如孙三百、黄薇和洪俊（2012）相关系数分解表明，教育、健康自评、书籍、父亲户籍共可解释代际之间收入35%的相关性。受教育程度是可识别的代际收入传递路径中作用最大的影响因素，家庭书籍反映的文化资本及父亲户籍所反映的社会关系作用相当。结果表明教育在可识别的代际收入传递路径中贡献最大，而迁移强化了这一影响。

早期的经济学家采用收入方差分解的方法验证代际传递机制，例如，研究基因等先天禀赋在代际收入传递中的作用。近期学者用得比较多的是中间变量法，这种方法又可以分为三类：第一是"条件代际收入弹性"，在代际收入弹性的方程中加入影响机制，如果"代际收入弹性"下降了，则说明这是一个影响机制，并通过下降的程度来判断这个机制的重要程度。例如，艾德和肖沃尔特（Eide &

Showalter，1999）把受教育年限放入回归方程中后，代际收入弹性下降了50%，表明受教育程度具有很高的解释度。第二是计算某一个（一组）中间变量解释的收入弹性在代际收入总弹性中所占的比例。例如，布兰登（Blanden，2007）等将认知能力、非认知能力及受教育程度作为中间变量，发现受教育程度解释了父代收入与子代收入相关性的近1/3。第三是计算某一个（一组）中间变量与子代收入的相关性在父代、子代收入总相关性中所占比例。例如，鲍尔斯和金迪斯（Bowles & Gintis，2002）将两代人的收入相关系数分解为父代收入对子代收入的直接影响和通过教育的间接影响。具体方法为：基于代际收入流动性基准回归方程估计"简单代际收入流动系数 β"之后，在回归方程中分别控制人力资本、社会资本、代际间职业传递等中间变量估计"条件收入流动系数 β^"，针对各中间变量计算"条件收入流动系数"相较于普通代际收入流动系数的下降程度和变化率，由（β^ - β）/β求得各路径的贡献率，用贡献率来比较人力资本、社会资本、代际间职业传递路径对于代际收入传递性的重要影响。后两种方法的优势在于能够计算出这种影响因素的贡献度。近期，还有学者采用管理学中常用的结构方程方法。几乎所有的学者都验证了教育是最为重要的影响机制。

1. 中间变量法：条件收入弹性

很多学者采用条件收入弹性方法。例如，陈琳和袁志刚（2012）用1995年、2002年CHIPS数据，在控制了子代的受教育年限之后，代际收入弹性在1995年的城乡样本中分别下降了6%和2%，而这一下降率在2002年的城乡样本中进一步上升为13%和12%。这表明人力资本不仅对我国的代际收入流动性有一定的解释力，而且这一解释力随时间推移大幅增强。龙翠红和王潇（2014）使用CHNS的1989～2009年数据，选取男性样本，从教育、健康等人力资本和社会资本几个方面研究代际收入流动性的内在传递机制，其实证结果表明，人力资本对中国的代际收入传递起到了重要作用，社会资本的影响也很显著。条件代际收入弹性下降了 9.2%（0.612～0.674/0.674），说明受教育年限对代际收入流动性有较大的影响。

"条件代际收入弹性"方法实质上仅仅是单因素分析，能够说明某一个因素是否是影响因素，并不能得出单个因素对整个传递机制的贡献率。而且，这种方法不太适合于不同的学者之间的对比，但在一个模型中可以比较不同影响因素的相对大小。例如，卓玛草和孔祥利（2016）考察农民工代际收入流动性及父代是否外出务工对代际收入流动性的影响，发现父代未外出务工与子代农民工之间的代际收入流动性高于父代外出务工的两代农民工家庭。并使用"条件收入弹性"中间变量法，从人力资本、社会资本、职业代际传递三条路径对代际收入流动系数进行分解并考察各路径的贡献率，结果发现：对父代未外出务工样本，人力资本是代际收入传递的直接路径，社会资本是间接路径；对父代外出务工样本，代际职业传递和社会资本传递加强了代际间收入传递，其中代际职业传递路径的贡献率最高。父代未外出务工家庭的父代与子代间的代际收入流动系数为 0.278，父代外出务工家庭的父代与子代间的代际收入流动系数为 0.407，前者比后者低，表明父代外出务工家庭代际之间的关联度与传递性要高于父代未外出务工家庭。他们基于明瑟方程，认为教育、年龄、性别、婚姻、职业等个人特征也是影响收入的主要因素，将性别、婚姻、职业作为控制变量加入模型，各自代际收入弹性不同程度的分别下降了 0.024、0.033、0.011，表明父代收入不是影响子代收入的唯一因素，从而估计了更为精确、真实的代际收入流动系数。对于父代外出务工的子代成为随迁农民工，两代农民工之间代际收入流动性减弱，说明迁移可以改变代际流动性。

虽然这种方法很难得出某一因素的贡献度，但是在现有数据条件下，利用这一方法获得的结论具有直接的政策参考价值。

2. 中间变量法：分解法

分解法的优点在于可以估计出每个因素的贡献度，但不同学者得出的结果并不一致。姚先国和赵丽秋（2007）估计了教育、健康和社会资本三条路径的贡献率，发现社会资本的贡献率最高，是代际传递的主要路径。孙三百等（2012）运用鲍尔斯和金迪斯（Bowles & Gintis）的方法，对教育、文化资本、社会资本等进行分解，得出教育是最主要的代际收入传递机制。陈杰等（2016）使用布兰登方法的分解结果，得出子代教育对代际收入传递的贡献率为13.36%，具有一定的解释度；使用鲍尔斯-金迪斯（Bowles-Gintis）方法，得出子代教育对代际收入传递的贡献率为8.13%，子代职业对代际收入传递的贡献率为16.1%，说明职业的传递作用更大一些。当然，不同学者采用的数据库不同，数据处理方法不同，结果可能会因此产生差异。这也恰恰说明这一方法需要我们更为注重模型的使用和变量的处理。

杨新铭和邓曲恒（2017）用2008年的天津市城镇住户调查数据，修正了布兰登等的方法，采用了新的分解方法，结果表明，教育是父辈收入作用于子辈收入的主要传导途径。父辈收入也可通过影响子女的所有制、行业和职业等就业特征进而作用于子辈收入，但就业特征这一传导途径的作用幅度要远低于教育。此外，相当大一部分的代际收入弹性无法由教育与就业特征等传导途径得到解释，父母的能力遗传与社会关系等不可观测因素对子女收入的作用不容忽视。教育可以解释代际收入弹性的35.33%，代际收入弹性的作用机制存在着一定的性别差异，这一性别差异不仅出现在子辈层面，也出现在父辈层面。在父母—儿子组合中，教育这一传导途径解释了代际收入弹性的51.61%，而在父母—女儿组合中，教育只解释了代际收入弹性的21.71%。因此，教育途径在子辈层面的性别差异更多地体现了父母收入对儿子教育的影响要大于对女儿教育的影响。尽管就业特征这一传导途径在父母—女儿组合中对代际收入弹性的解释力度要大于父母—儿子组合，但由于教育在父母—女儿组合的解释力太低，因此父母—女儿组合中高达 63.32% 的代际收入弹性只能由能力遗传、父母社会关系等不可观测因素得到解释。相比之下，父母—儿子组合中，父母收入主要是通过教育及就业特征等可观测因素最终传导作用于子辈收入之上。在父亲收入对子女收入的影响中，大约 1/3 的部分是通过教育这一传导途径实现的。相比之下，教育只能解释母亲—子女代际收入弹性的 21.54%。父亲收入也能通过影响就业特征进而作用于子女收入，而就业这一传导途径对母亲与子女之间的代际收入弹性的解释力度并不高。从直接影响来看，父亲—子女代际收入弹性的 41.13%，可以归结为父亲收入的直接影响，而母亲—子女的代际收入弹性的 70.82% 无法由教育和就业特征等可观测的传导途径得到解释，这种性别的分类可能更有实际意义。总体的研究得出的结论可能无法反映出不同分类群体的差异，这时总体的数据其实是没有太大意义的。范围过大，得出的总体的结论可能不能反映实际的情况，因此分类的研究可以更好地提出政策建议。

3. 结构方程的方法

中间变量方法的主要缺点在于并不能完全打开代际收入传递的"黑箱"，目前还有一些学者采用管理学中常用的结构方程方法。这种方法可以相对在一个比较全面的框架下看到每一个影响因素的作用路径和大小。

郭丛斌和闵维方（2009）运用"中国城镇居民教育与就业情况调查（2004）"数据，通过结构方程模型（SEM），研究发现对子女社会地位的形成而言，子女自身教育的影响为 0.491，家庭背景的直接影响为 0.391，家庭背景通过影响子女教育而产生的间接影响为 0.134，家庭背景对子女社会地位的影响在 25.5% 的程度上可以用子女受教育年限来解释。

阳义南和连玉君（2015 年）使用中国综合社会调查（CGSS）2006 年、2008 年和 2010 年数据，以及中国劳动力动态调查（CLDS）2012 年数据，得出教育是子代获得社会地位的最主要因素。在父代影响子代社会地位的 5 个中介变量中，最主要路径也是通过教育，回归系数为 0.25。同样，丁岚和祁杨杨（2018）利用中国综合社会调查（CGSS）及中国劳动力动态调查（CLDS）数据，建立基于明瑟收入方程的高学历人群代际流动性回归模型，对代际流动性的影响因素和路径进行定量阐释。研究表明，教育依然是提高代际流动的主要途径，而家庭资源的劣势则是阻碍高学历人群社会代际流动性提高的主要因素，但这种阻碍作用往往被高估。

4. 收入分解法

虽然收入分解法是比较传统的方法，但近些年，我国学者才较多地采用这一方法。例如，高艳云和王曦璟（2017）借鉴瓦哈卡 – 布林德（Oaxaca – Blinder）的经典分解方法，用中国健康与营养调查（CHNS）数据库中的 1991 年、1993 年、2009 年、2011 年 4 个年份的资料，得出教育对低收入和高收入人群都是显著的影响变量。通过对回归模型的分解可以看出，子代收入差距更多的来源于父代特征，子代自身因素的影响力在逐渐减弱，这说明随着时间推移，中国城乡居民代际收入流动性在变差。蔡伟贤和陈浩禹（2015）利用 CHNS 微观调研数据库，得出人力资本投资和社会地位影响可以解释代际收入弹性的 30% 左右。

可以看出，该方法更多地侧重于将不同因素归为几个大的类别，分析不同分类的作用差距。王婷和李科宏（2018）围绕家庭背景与居民个体特征对城镇居民收入的影响路径，构建城镇居民收入决定的代际流动模型，分离出家庭背景对城镇居民收入的代际影响。在此基础上，利用中国家庭收入调查数据，对城镇居民收入代际流动模型进行估计，并采用夏普利（Shapley）值分解法测算家庭背景对城镇居民收入差距的代际流动贡献。结果表明：家庭教育背景和家庭经济背景对城镇居民收入差距存在较高的代际流动贡献，家庭政治背景代际流动贡献较弱。其中，家庭教育背景相对贡献度为52%～64%，主要通过子女工作年限和担任领导发挥作用；家庭经济背景相对贡献度为45%～80%，主要通过子女户口是否本地发挥作用。

相对而言，虽然方法不完全相同，但得出的结论基本一致。教育无疑是重要的影响机制，是个人实现向上社会流动的重要阶梯。天生禀赋对教育获得影响显著，教育获得本身也受到家庭背景的影响，祖代职业阶层、父代职业阶层及父代教育水平越高，孙代教育成就越高（张桂金等，2016；赵红霞和高永超，2016）。父母政治资本会促进子女的人力资本积累，父母政治资本通过子女人力资本的中介作用产生了工资溢价（谭远发，2015）。

西方国家在这方面的研究更为细致一些。如伊内利（Iannelli，2011）研究中指出家庭背景等因素可以导致子代获得更好的人力资本投资，除了教育人力资本外，诸如人际交往能力、沟通能力或者是团队协作能力，这些能力大部分都能够被家庭背景较好且受教育程度较高的人群所拥有。国内研究对于教育具体是怎么起作用的，目前的深入研究还比较少。而教育的这个"黑匣子"，特别需要被打开，使人们意识到这个传递路径究竟是如何发挥作用的，以便于有针对性地采取对策。

二、公共教育

1. 公共教育支出对代际流动性的影响

公共教育被认为是促进代际流动和保障机会公平的首要机制。

遗憾的是，该假设并未得到充分的理论支持。

一方面，有研究指出，公共教育能够缓解低收入家庭对子代人力资本进行投资时所面临的信贷约束，进而可以通过缩小不同家庭子代的人力资本差异而促进代际流动。例如，杨娟和周青（2013）运用"中国家庭收入调查（2002）"数据加入公共教育经费的交叉项，1988年、1995年、2002年、2007年 CHIP 数据，回归家庭的教育支出、孩子兄弟姐妹数、个人在校学习成绩、性别及地区特征，都对农村孩子上高中起到重要作用。研究发现，每增加1元的生均预算内事业费，家庭收入对子代上高中概率的影响降低 0.0003。周波和苏佳（2012）运用"中国健康与营养调查（1997年和2002年）"数据，通过非线性模型研究发现，县级人均公共教育支出（教育事业费、文教科研支出、地方预算内财政支出）的增加能降低代际收入相关性。徐俊武（2014）运用"中国健康与营养调查（1989～2009）"数据，通过多重门槛模型研究发现，公共教育支出（省级生均教育经费）越高的地区，代际收入流动性也越高。

段义德（2018）详细分析了影响的机制：基础教育财政支出可通过"扩张效应"和"补偿效应"影响教育的代际流动，前者提高底层家庭子女基础教育的入学率和完成率，促进教育机会公平；后者通过缓解家庭信贷约束，弥补经济困难家庭子女教育投入的不足，而发挥促进教育公平的作用。他用 2013 年中国家庭收入调查数据和相关财政支出数据，使用 Probit 和 Logit 两种常用二值概率模型检验基础教育财政支出的扩张效应。无论采取哪种模型，基础教育财政支出水平提高均可显著提升样本义务教育完成概率。Probit 和 Logit 模型下，基础教育财政支出每增加 1%，样本义务教育阶段辍学概率平均分别降低 0.58% 和 0.60%。样本按基础教育财政支出水平以高、中、低分为三组进一步统计测算发现：随着基础教育财政支出水平的提高，子代的平均教育程度依次提升，且相对于父代的提升幅度也依次增加。子代平均教育年限在低财政教育支出组为9.2年，中等支出组为9.6年，而在高支出组则上升为10.5年，子代较父代平均教育年限提升幅度依次增加5.3年、6.0年、6.4年。无论是使用父亲收入还是家庭收入，基础教育财政支出的确更大程度上降低了低收入家庭的教育代际传递，提高了教育流动性。基础教育财政支出可以通过补偿家庭信贷约束，提高教育流动性。因此，政策建议很明显，政府应加强财政对基础教育的投入力度，同时加强财政支出的精准性，提高财政教育支出在保障和促进教育公平和社会代际流动中的作用。

另一方面，有些学者认为，公共教育投入的增加可能会减少代际流动。例如，杨娟和周青（2013）证明：2002年生均预算内事业费的增加，加强了父代受教育程度对子女受教育程度的影响。刘志国和范亚静（2014）使用"中国健康与养老追踪调查（2008年）"数据，发现教育对处于中下收入阶层的子女具有促进代际流动的功能，而对于收入处于上层的家庭，会强化教育的优势，不利于代际流动。刘志国和范亚静（2013）证明了人均教育支出与代际学历关联程度接近正相关，也就是政府人均教育支出越高，代际学历关联程度越大。因此，增加人均公共教育支出不一定会促进教育的公平，例如政府将资源投资于重点学校，这些优质的教育资源会通过金钱和权力进行配置，低收入的群体无法获得这种教育支出带来的好处。

因此，公共教育支出的增加对于代际收入流动性的影响不是很一致。主要原因可能是没有很细化地去研究教育的具体作用路径，因此需要关注不同等级教育所发挥的作用。

2. 不同教育阶段对代际流动性的影响

中国教育经济信息网的数据显示：2017年全国教育经费总投入为42562.01亿元，比上年的38888.39亿元增长9.45%。2017年全国一般公共预算教育经费（包括教育事业费、基建经费和教育费附加）为 29919.78 亿元，比上年增长 8.01%。

2017 年各个教育阶段生均一般公共预算教育事业费支出情况是：（1）全国普通小学为 10199.12 元，比上年的 9557.89 元增长 6.71%。其中，农村为 9768.57 元，比上年的 9246.00 元增长 5.65%；（2）全国普通初中为 14641.15 元，比上年的 13415.99 元增长 9.13%。其中，农村为 13447.08 元，比上年的 12477.35 元增长 7.77%；（3）全国普通高中为 13768.92 元，比上年的 12315.21 元增长 11.80%；（4）全国中等职业学校为 13272.66 元，比上年的 12227.70 元增长 8.55%；（5）全国普通高等学校为 20298.63 元，比上年的 18747.65 元增长 8.27%。

2017 年各个教育阶段生均一般公共预算公用经费支出情况是：（1）全国普通小学为 2732.07 元，比上年的 2610.80 元增长 4.64%。其中，农村为 2495.84 元，比上年的 2402.18 元增长 3.90%；（2）全国普通初中为 3792.53 元，比上年的 3562.05 元增长 6.47%。其中，农村为 3406.72 元，比上年的 3257.19 元增长 4.59%；（3）全国普通高中为 3395.59 元，比上年的 3198.05 元增长 6.18%；（4）全国中等职业学校为 4908.30 元，比上年的 4778.79 元增长 2.71%；（5）全国普通高等学校为 8506.02 元，比上年的 8067.26 元增长 5.44%。

大部分学者的研究结果比较一致：较低阶段教育在促进我国代际收入流动方面的作用可能优于高等教育。

例如，陈琳（2015）运用中国健康与营养调查和中国家庭追踪调查两个微观数据中社区不同等级公共教育机构的情况，以及子代对应就学阶段的师生比与生均教育经费情况，分析了不同等级教育对中国代际收入流动性的影响。在采用不同数据和教育衡量指标的回归分析中，幼托和初中都呈现出一致的促进代际收入流动的作用，大学则呈现出一致的阻碍代际收入流动的作用，而小学和高中的代际收入流动作用方向波动较大，尚无确切结论。这意味着，对于促进代际收入流动性而言，增加大学阶段投入的作用可能有限，而增加对幼托和初中阶段教育的公共投入的作用可能更大。这对我国的公共教育体制改革具有一定启发。

徐俊武和张月（2015）运用中国家庭收入调查（CHIPS）2007年城镇数据把子代的受教育程度划分为初中、高中、大学及以上三个阶段，发现初中、高中和大学组各组的代际收入弹性分别有所下降；高中组代际收入流动性受子代受教育年限影响最小，大学组代际收入流动性受子代受教育年限影响最大。

卢盛峰等（2015）基于1989~2009年CHNS中岳父母/女婿配对数据，实证检验了教育机会如何作用于个体人力资本积累，并传导到对代际职业流动的影响。从政府学校布局的政策角度来刻画教育机会。结果表明布局有初中、高中或大专职业学校的社区（村）中，子辈在代际间职业向上流动上具有显著优势，而小学布局上"村村设学"反而不利于居民的代际间职业流动；享受着更好的初中、高中及大专职业教育机会的居民，在受教育年限上要显著地高于其他条件相同的非学校布局地区居民，这最终使他们在代际职业地位提升中具有显著更高概率。

徐丽等（2017）讨论教育投资结构对收入代际流动的影响，区分了基础教育和高等教育阶段的人力资本投资，并对政府教育投资的变化进行政策实验，分析了不同投资结构下居民收入代际流动的变化情况，讨论了促进收入流动性的政策选择。通过数值模拟发现，在政府教育投资不变的条件下，加大基础教育投资占比可以减小居民收入的基尼系数，改善收入分配差距。其次，随着政府基础教育投资占比的增加，子辈对父辈的收入依赖程度减小，居民收入的代际流动性增大，向上及向下的流动概率均有所增加。最后，家庭教育投资与家庭收入有着明显的正相关关系。

无论国内国外，几乎都比较认同基础阶段的教育更有利于促进教育的公平性，减少代际的不平等。一些学者研究表明，我国高等教育的过度扩张不利于代际流动。其实，西方国家的相关研究也得出了同样的结论。如英国自 20 世纪 60 年代开始的高等教育扩张，加大了高收入和低收入家庭子代在高等教育成就方面的差距，更有利于富人家庭的子代；像瑞典、芬兰等国家对于初等教育的均等性和基本义务教育的延长对于代际收入流动性有积极的作用。

3. 从高等教育的视角，如高等教育的扩张对代际流动性的影响

1999 年开始，我国高等教育大规模扩招，对代际流动性带来了一定的影响。例如，王处辉和朱焱龙（2015）验证了高等教育的扩招没有促进代际流动，相反导致了代际流动的固化。杨中超（2017）的分析结果是没有充足证据表明教育扩张有助于教育代际流动。其实，不能说是高等教育扩招引发的阶层固化，更多的原因是收入分配差距造成的。但这反映了中国目前社会背景下的一个现状。

多数学者的验证结果是，高等教育的扩招带来的教育机会的增加，并没有平均地分给各个收入阶层的群体，而是更有利于经济条件优越的家庭，这些家庭有能力付出更多的时间和金钱。因此，高等教育的扩招使代际流动性变差，出现了阶层固化的趋势。

英国《卫报》2014 年 4 月 24 日报道，根据最新调查，英国的高等教育入学率已近 50%。但是这种高等教育规模的扩大并没有使得所有类型的群体相同的受益。有学者利用 20 世纪 70 年代、80 年代和 90 年代的资料纵向考察了英国高等教育入学率和高等教育获得的情况，结果发现高等教育的扩张并没有使高等教育入学机会在各个阶层之间平均分布，相反，这种高等教育规模的扩大却不相称地使得富裕家庭的子女有了进入大学的更多可能。虽然在英国高等教育扩张之前，富裕家庭子女的入学率也较高，但这一举措实际上"并非有意地"使穷人和富人之间在入学机会上的"鸿沟"拉大。

　　高等教育扩招的同时，高等教育从精英教育变为大众教育，高等教育本身出现了层次的划分。乐志强（2018）采用中国综合社会调查（CGSS）2005～2008 年数据库，构建二项 Logistic 回归模型，分别从高等教育层次、质量和专业类别三个维度分析了高等教育促进代际流动的作用。研究发现：接受本科及以上教育比未接受高等教育对代际向上流动的影响更大，就读理工农医类专业比就读人文社科类专业对代际向上流动的影响更大，但就读央属高校或非央属高校对代际向上流动的影响并无显著差异。不同家庭背景的子代接受不同层次、质量或专业类别的高等教育在代际向上流动机会上没有显著差异。接受高等教育对农村代际向上流动的影响比对城镇的影响更大，且这种比较优势在大专阶段更为突出。就读理工农医类专业的城镇子代实现代际向上流动的机会比农村子代更多。

　　王学龙和杨文（2016）使用中国城市、农村和流动人口居民收入调查（Rural – Urban Migration in China，RUMiC）2009 年数据进行实证分析，专注于分析城市劳动力市场，考察城镇住户样本"985 工程"与"211 工程"迅速加剧了中国高等院校的分化，使中国高等院校呈现出重点大学与普通学校对立并存的二元格局。由高考、中考等考试体系引导，中国的高中教育、初中教育和小学教育也迅速走上精英化道路，重点学校和重点班的优势日益凸显。用鲍尔斯（Bowles，2002）等的方法，计算健康、教育、社会网络和文化资本对父子收入相关性影响，然后再考察精英教育倾向加重是否改变了教育在代际收入流动中的作用。结果表明：未受到"985 工程"和"211 工程"影响的子女，代际收入弹性为 0.2703。交叉项的系数显著为正，表明受到"985 工程"和"211 工程"影响的子女代际收入弹性明显高出 10% 左右，即 0.279。这说明以"985 工程"和"211 工程"为代表的高校精英主义导向确实提高了代际收入弹性，降低了社会流动性。精英主义教育体系将会通过影响子女教育对代际收入流动产生重要影响。分析教育的影响在四种代际收入流动渠道中所占的比重，进而在回归分析中加入群组虚拟变量与健康、教育、社会网络和文化资本的交互项，来分析中国教育体系精英化导向对不同路径的影响研究表明：精英主义教育体系放大了家庭背景导致的教育不平等，降低了社会流动性；中国高等教育精英主义导向对低收入阶层冲击更大，使其子女受父母低收入的影响更大，更难以脱离"贫困的陷阱"；在教育、健康、社会网络和文化资本四条主要代际收入流动渠道中，教育影响最大，解释了代际收入相关性的13%；精英主义教育体系对教育和社会网络两条代际收入流动渠道的影响很显著，对健康和文化资本的影响较弱。

4. 从更为具体的角度，如社区环境、学校质量等方面

社区在教育代际流动中的作用及机制是目前我国学者研究较少的内容。例如，于洪霞（2016）等使用中国家庭健康与营养调查数据进行多水平分析，研究结果显示：子代受教育年限的总方差中约有16%可以由社区差异解释；社区的人均收入水平越高，社区内部的教育代际流动性越强。社区环境主要以社区居民的受教育水平、收入水平以及职业多样化程度等因素来衡量。

此外，对于教育质量方面的研究也不多见。张雪和张磊（2017）利用中国家庭追踪调查2010年数据研究义务教育阶段家庭课外教育支出对学生教育成果的影响。发现课外教育支出对学生的字词测试成绩有显著的正向影响，并且控制了学生的家庭背景和个人特征后依然显著。此外，在模型中加入了个人特征变量和课外教育支出的交叉项，发现对于不同特征和背景的学生，课外教育支出对成绩的影响存在异质性。在经济转型的背景下，学校教育发挥了一定的作用，但作用可能不是很大。周金燕（2015）应用中国健康与营养调查数据，通过建立回归模型和路径分析模型，研究了中国转型过程中学校教育和经济不平等的代际流动之间的关系。实证结果发现，

学校教育在发挥消除出身差异、促进经济平等方面的作用很小；更多的是通过父母向子女转换其经济、教育及户籍等优势的中介作用。

三、国 际 比 较

教育在代际流动性中所起作用，具有明显的国际差异，主要是受到各国经济文化差异的影响。刘文和沈丽杰（2016）对比了北美、欧洲、东亚三个地区，研究发现，北美地区呈现核心家庭的特色，家庭人力资本投资对代际相关性有较强的解释力，其阶层固化正有意识地通过公共政策调整；北欧的高福利政策使其家庭重情感付出，投资形式以时间投入为主，公共政策对代际相关性的削弱作用很强，家庭人力资本投资对代际相关性解释力较弱，西欧家庭则与北美相似；东亚地区呈现阶层固化形态，私人教育投资较多，韩国家庭是血缘传承的代际交换，偏重教育投资；日本家庭则呈现利益至上的代际转移特点，有"养子"式的代际替代关系。日韩学生的阅读、数学、科学成绩名列前茅，但15岁以上人群的生活满意度远不如欧洲和北美国家。

对美国、加拿大与其他发达国家的研究发现，父母的教育水平、收入、对子女的时间投入三者对子代人力资本发展有较强的正相关关系，其中高学历的父母更倾向于增加对子女的时间投资，大专学历以上的母亲比高中学历以下的母亲对子女的时间投入每周多4.5小时。

欧洲的高收入、高税赋、高福利，使绝大多数人都能得到平等的教育机会，从初等教育到高等教育都是免费教育，保证了大多数人在社会竞争中都有同样的起点。家庭在生命早期教育投资中发挥的作用极小，父母对子女人力资本投资的作用主要体现在时间投入上，十分注重子女早期教育与健康的均衡发展。对德国父母和子女两代的健康关系研究发现，父母与子女的健康关系在儿童 0～3 岁中显著相关，而儿童时期的健康问题很可能延续到成年期。控制了父母的教育水平、收入和家庭组成结构后，证实健康人力资本也存在代际间的传递，但父母的健康状况一般是通过母亲传给子女。北欧国家和西欧国家对 0～5 岁、6～11 岁、12～17 岁孩子的社会公共支出分配都较为平均，且着重于 0～5 岁儿童的保育支出与 6～11 岁儿童的教育支出。

韩国父母为子女的教育投资是不遗余力的，家庭在子女教育投资上不分性别，普遍存在于东亚社会的重男轻女思想在韩国已基本消失。韩国家庭对子女的人力资本代际投资着重于教育投资，尤其是高等教育，高等教育水平是衡量其社会经济地位的一个重要标志，2013 年韩国高等院校的入学率高达 97%，OECD 组织国家中仅次于希腊。其公共教育投入也更侧重于与高等教育接近的中学阶段，2011 年对 0～5 岁、6～11 岁、12～17 岁孩子的社会公共支出分别为 22.96%、38.35% 和 38.68%，相比较之下，对 0～5 岁的教育投入较低。韩国父母对子女的健康投资有一定的认知，但健康投资侧重于医疗投资的增加，对时间投入不足。2016 年韩国保健社会研究院发布的报告显示，韩国儿童青少年与父母每天相处的时间仅 48 分钟，比南非还少 12 分钟，在 20 个受调查的 OECD 组织国家中最少。

与韩国相似，日本也存在着对孩子早期教育重视不足的问题。2011 年，日本对 0～5 岁、6～11 岁、12～17 岁孩子的公共支出分别为 21.74%、38.63% 和 39.63%，其中 0～5 岁孩子的教育公共投入为零。虽然健康投资、完善的健康管理计划和健康追踪是大部分日本家庭都具备的，但日本家庭对 0～5 岁、6～11 岁孩子的保育公共投入偏低。2011 年，日本的保育公共支出和学前教育公共支出占 GDP 的比重仅为 0.3%、0.1%，远低于同期西方发达国家的水平。

第三节　本书的研究假设和研究框架

本书将用 2014 年中国家庭追踪调查（CFPS）数据、2016 年 CFPS 数据和 2015 年中国健康与养老追踪调查（CHARLS）数据，运用 Stata 软件揭示教育在代际流动性方面所起的作用。根据前面学者的研究成果，提出教育在代际流动机制中可能发挥作用的三个重要路径。并在第三章至第六章分别进行实证分析：第三章验证了教育是代际流动机制，运用了中间变量法中的条件收入弹性方法和布兰登（Blandes）分解法；第四章打开了教育的"黑匣子"，假设教育能提高父代的非认知能力，从而提升父代对子代人力资本投资的效率和水平，运用实证数据进行验证；第五章假设教育的外溢作用，教育在婚姻中的匹配作用，估计婚姻中教育的相关性和收入的相关性，分析教育对收入的不平等和代际流动性产生的影响；第六章假设教育对健康有外溢作用，教育会提高健康知识的获取能力、改进健康行为，从而提高收入，运用教育和健康的数据验证了教育对健康的影响路径和作用大小。通过教育的基本理论和国内外学者的已有研究，构建教育在代际流动机制的框架中作用的具体路径，并分别给予分析，能够较为丰富地呈现教育的作用，以便于为提高代际流动性提出更有针对性的政策建议。

第三章

验证教育的代际流动机制

本书的研究采用 CFPS 和 CHARLS 的数据，其中 CFPS 采用了 2014 年和 2016 年的数据，CHARLS 采用了 2015 年的数据。由于选择的数据年代大致相同，可以进行比较分析。首先介绍两个数据库的数据处理及基本变量的描述，然后通过 Stata 软件验证教育是否是代际流动机制。

第一节　CFPS 和 CHARLS 数据的选取及基本变量的描述

CFPS（China Family Panel Studies）数据是中国家庭追踪调查，由北京大学中国社会科学调查中心（ISSS）实施。这个数据的特点是有基于个体、家庭及社区三个层次的数据，反映了中国社会、经济、人口、教育和健康的变迁，为学术研究和公共政策分析提供了数据基础。从 2008 年、2009 年两年开始，在北京、上海、广东三地分别开展了初访与追访的测试调查，2010 年正式开展访问，样本覆盖了 25 个省区市。CFPS 数据中包括：社区问卷、家庭问卷、成人问卷和少儿问卷。目前可以得到的数据年份包括：2008 年、2009 年、2010 年、2011 年、2012 年、2014 年和 2016 年。本研究选取的是 2014 年和 2016 年的数据。

CHARLS 数据（China Health and Retirement Longitudinal Study）是中国健康与养老追踪调查，由北京大学国家发展研究院中国经济研究中心主持的项目。在我国每两年追踪一次，目的是收集能够代表年龄在 45 岁以上（包括 45 岁）的中国居民的数据，用以分析我国人口老龄化的问题。CHARLS 是世界上一系列的老龄健康调查数据，如美国、英国、欧洲 19 个国家，韩国、日本、印度的老龄健康调查的一部分，推动了我国老龄化问题的跨学科研究工作。CHARLS 家户调查主要包括的内容有：人口学背景，家庭结构，健康状况和功能，医疗保健和保险，工作、退休和养老金，家庭和个人的收入、支出与资产，调查员观察。目前可以得到的数据年份包括：2008 年、2011 年、2013 年和 2015 年。本研究选取的是 2015 年的数据。

因此，选取了两个数据库目前可以得到的最近三年的数据，虽然都是单年的数据，但两个数据库的年代基本相同，可以比较分析。

一、CFPS 数据的整理和基本变量的描述

CFPS 数据库中包括成人数据和少儿数据。本章的研究所选取的都是具有成人问卷的个体，可以保证具有很完备的教育、户口、婚姻、工作、收入等信息。通过家庭关系数据库，匹配了家庭中的父亲和孩子、母亲和孩子，进而整理出所有父代和子代的配对数据。然后对数据进行了整理和筛选，选择了收入大于零的信息，并且删除了代码不可识别和主要信息不全的样本。为了更好地衡量收入，剔除了处于退休的样本，选取了父代年龄处于 35 岁至 65 岁的样本。家庭中有多个孩子的，我们都进行了匹配，但每个家庭只选择了一

个孩子，选择的是年龄较大的孩子。在代际收入弹性的研究中，需要得到父代和子代终身的收入，因为终身的收入数据几乎无法获得，我们选取了一年的收入，并加入了年龄的变量。选择年龄相对大的孩子，他们的收入更为接近一生的收入，因此更适合本章的研究需要。最终整理好 2014 年 CFPS 数据的配对样本为 774 对；2016 年 CFPS 的配对样本为 478 对。

考虑到父代收入和子代收入的极端值对于分析结果的影响，这里采用缩尾替代的处理方法，对父代收入和子代收入小于 1% 和大于 99% 的数据分别用处于 1% 和 99% 的数值替代，这样可以保证整体样本的数量不变。下面分别给出两年数据的基本变量描述。

1. 2014 年 CFPS 数据的基本变量描述

进行了缩尾替代处理后，得到父代和子代的性别（见表 3 - 1）、教育水平（见表 3 - 2）、户口（见表 3 - 3）等基本信息描述。对于连续变量，得出父代和子代的年龄和收入的基本描述（见表 3 - 4）。

表 3 - 1　　　　　2014 年 CPFS 数据父代和子代的性别比例

性别（Gender）	父代	子代
女（Female）	304（39.28%）	316（40.83%）
男（Male）	470（60.72%）	458（59.17%）
合计（Total）	774（100.00%）	774（100.00%）

表 3 - 2　　　　　2014 年 CFPS 数据父代和子代的教育水平

教育程度（education）	父代			子代		
	女（Female）	男（Male）	合计（Total）	女（Female）	男（Male）	合计（Total）
文盲/半文盲（Illiterate/Semi-liter）	69 22.70%	62 13.19%	131 16.93%	2 0.63%	4 0.87%	6 7.79%

教育程度 （education）	父代			子代		
	女 （Female）	男 （Male）	合计 （Total）	女 （Female）	男 （Male）	合计 （Total）
小学（Primary school）	76 25.00%	106 22.55%	182 23.51%	19 6.01%	53 11.57%	72 9.30%
初中（Junior high school）	87 28.62%	184 39.15%	271 35.01%	60 18.99%	140 30.57%	200 25.84%
高中（Senior high school/se）	51 16.78%	84 17.87%	135 17.44%	96 30.80%	114 24.89%	210 27.13%
大专（3 - year college）	11 3.62%	16 3.40%	27 3.49%	73 23.10%	69 15.07%	142 18.35%
大学本科（4 - year college/Bachel）	3 0.99%	12 2.55%	15 1.94%	64 20.25%	74 16.16%	138 17.83%
研究生（Master's degree）	—	—	—	1 0.32%	4 0.87%	5 0.65%
不必念书 （No need to go to school）	7 2.30%	6 1.28%	13 1.68%	1 0.32%	0	1 0.13%
合计（Total）	304	470	774	316	458	774

　　父代样本中男性所占比例为 60.72%，女性所占比例为 39.28%；子代样本中男性所占比例为 59.17%，女性所占比例为 40.83%。总体来看，父代样本中男性比例更高。从教育程度上看，父代的教育水平普遍低于子代的教育水平，其中无论是父代还是子代，男性的教育水平普遍高于女性。

表 3 - 3　　　　2014 年 CFPS 数据父代和子代的户口信息

户口状况（Hukou status）	父代			子代		
	女（Female）	男（Male）	合计（Total）	女（Female）	男（Male）	合计（Total）
农业户口（Agricultural）	185 60.86%	309 65.75%	494 63.82%	194 61.39%	271 59.17%	465 60.08%
非农户口（Non - agricultural）	118 38.82%	160 30.04%	278 35.91%	122 38.61%	185 40.39%	307 39.66%
没有户口（No registration）	1 0.33%	1 0.21%	2 0.26%	0 0.00%	2 0.44%	2 0.26%
合计（Total）	304	470	774	316	458	774

　　父代中农业户口所占比例为 63.82%，非农户口所占比例为
35.91%，农业户口比例更高，从父代性别上看，男性中农业户口
比例更高。子代中农业户口比例为 60.08%，非农户口比例为
39.66%，同样农业户口比例更高，并且男性的农业户口比例更高。
子代与父代相比，农业户口所占的比例下降了。

表 3 - 4　　　2014 年 CFPS 数据父代和子代的年龄和收入的描述统计

变量（Variable）	样本数（Obs）	均值（Mean）	标准差（Std. Dev.）	最小值（Min）	最大值（Max）
父代年龄（cfps2014_age）	774	49.118	5.406	37	65
子代年龄（childcfps2~e）	774	24.142	4.262	16	38
父代收入（income）	774	26958.120	20082.910	1800	120000
子代收入（childincome）	774	29023.580	24359.040	1000	140000

2014 年 CFPS 数据父代的最大年龄为 65 岁，最小年龄为 37 岁，平均年龄为 49 岁；子代的最大年龄为 38 岁，最小年龄为 16 岁，平均年龄为 24 岁。经过缩尾替代后，父代的最大收入为 120000 元，最少收入为 1800 元，平均收入为 26958.12 元。子代的最大收入为 140000 元，最少收入为 1000 元，平均收入为 29023.58 元。子代的收入高于父代。

2. 2016 年 CFPS 数据的基本变量描述

2016 年 CFPS 数据进行了缩尾替代处理后，得到父代和子代的性别（见表 3 - 5）、教育水平（见表 3 - 6）、户口（见表 3 - 7）、城乡（见表 3 - 8）等基本信息描述。对于连续变量，得出父代和子代的年龄和收入的基本描述（见表 3 - 9）。

表 3 - 5　　　　　2016 年 CFPS 数据父代和子代的性别比例

性别（Gender）	父代	子代
女（Female）	191（39.96%）	183（38.28%）
男（Male）	287（60.04%）	295（61.72）
合计（Total）	478（100.00%）	478（100.00%）

表 3 - 6　　　　　2016 年 CFPS 数据父代和子代的教育水平

教育程度（education）	父代			子代		
	女（Female）	男（Male）	合计（Total）	女（Female）	男（Male）	合计（Total）
不适用（Not applicable）	—	—	—	0	1 0.33%	1 0.21%
文盲/半文盲（Illiterate/Semi - liter）	55 28.80%	52 18.12%	107 22.38%	5 2.73%	4 1.36%	9 1.89%

教育程度 （education）	父代			子代		
	女 （Female）	男 （Male）	合计 （Total）	女 （Female）	男 （Male）	合计 （Total）
小学（Primary school）	42 22.00%	66 23.00%	108 22.59%	7 3.83%	46 15.59%	53 11.09%
初中（Junior high school）	68 35.60%	112 39.02%	180 37.66%	39 21.31%	88 29.83%	127 26.57%
高中（Senior high school/se）	20 10.47%	43 14.98%	63 13.18%	44 24.04%	61 20.68%	105 21.97%
大专（3 - year college）	5 2.62%	12 4.18%	17 3.56%	48 26.23%	54 18.31%	102 21.34%
大学本科（4 - year college）	1 0.52%	2 0.70%	3 0.63%	38 20.77%	39 13.22%	77 16.11%
研究生（Master's degree）	—	—	—	2 1.09%	2 0.68%	4 0.84%
合计（Total）	191	287	478	183	295	478

2016 年 CFPS 数据中，父代样本中男性所占比例为 60.04%，女性所占比例为 39.96%；子代样本中男性所占比例为 61.72%，女性所占比例为 38.28%。总体来看，父代样本中男性比例更高。从教育程度上看，父代的教育水平普遍低于子代的教育水平，其中无论是父代还是子代，男性的教育水平普遍高于女性。2016 年 CFPS 数据与 2014 年 CFPS 数据相比，性别和教育水平上的特点基本相同。

表 3 – 7　　　　2016 年 CFPS 数据父代和子代的户口信息

户口状况（Hukou Status）	父代	子代
农业户口（Agricultural）	337（70.50%）	317（66.32%）
非农户口（Non – Agricultural）	139（29.08%）	161（33.68）
没有户口（No registration）	2（0.42%）	—
合计（Total）	478（100.00%）	478（100.00%）

表 3 – 8　　　　2016 年 CFPS 数据父代和子代的城乡信息

人口统计局定义 （Census Bureau's definition）	父代	子代
缺失（Missing）	5（1.05%）	9（1.88%）
农村（Rural）	198（41.42%）	151（31.59）
城市（Urban）	275（57.53%）	318（66.53%）
合计（Total）	478（100.00%）	478（100.00%）

2016 年 CFPS 数据中：从户口信息上看，父代中农业户口所占比例为 70.50%，非农户口所占比例为 29.08%，农业户口比例更高。子代中农业户口所占比例为 66.32%，非农户口所占比例为 33.68%。从城乡居住信息上看，父代居住在农村的所占比例为 41.42%，居住在城市的所占比例为 57.53%；子代居住在农村的所占比例为 31.59%，居住在城市的所占比例为 66.53%。总体来看，2014 年 CFPS 数据与 2016 年 CFPS 数据的特点基本相同，子代与父代相比，非农户口比例更高，居住在城市的比例更高，并且从城乡信息和户口的比较来看，居住在城市的比例比非农户口的多，说明我国存在着明显的从农村到城市的人口流动，并且子代与父代相比人口流动的比例更高。

表 3 - 9   **2016 年 CFPS 数据父代和子代的年龄和收入的统计描述**

变量 （Variable）	样本数 （Obs）	均值 （Mean）	标准差 （Std. Dev.）	最小值 （Min）	最大值 （Max）
父代年龄 （cfps_age）	478	50.241	6.123	36	65
子代年龄 （childcfps ~ ge）	478	25.653	5.233	16	41
父代收入 （income）	478	26991.130	21426.800	1000	130000
子代收入 （childincome）	478	37321.680	30438.550	400	150000

2016 年 CFPS 数据父代的最大年龄为 65 岁，最小年龄为 36 岁，平均年龄为 50 岁；子代的最大年龄为 41 岁，最小年龄为 16 岁，平均年龄为 25 岁。经过缩尾替代后，父代的最大收入为 130000 元，最少收入为 1000 元，平均收入为 26991.13 元。子代的最大收入为 150000 元，最少收入为 400 元，平均收入为 37321.68 元。2016 年 CFPS 数据与 2014 年相比，父代和子代的年龄基本相当，都是父代的收入比子代的收入更高，2016 年父代和子代的平均收入都比 2014 年要高，说明收入有上升的趋势，并且收入差距明显扩大。

二、CHARLS 数据的整理和基本变量的描述

CHARLS 数据库的特点是，一个家庭以 45 岁的成年人为主访对象，根据家庭中的问卷，再匹配上配偶和子女的信息。同样，剔除了父母和子女收入缺失的样本，这里子女的收入是以区间的方式统计的。子代每年收入的等级分为：1（没有收入），2（少于 2000元），3（2000 ~ 5000 元），4（5000 ~ 10000 元），5（10000 ~

20000 元）, 6 （20000 ~ 30000 元）, 7 （30000 ~ 50000 元）, 8 （50000 ~ 100000 元）, 9 （100000 ~ 150000 元）, 10 （150000 ~ 200000 元）, 11 （200000 ~ 300000 元）, 12 （大于 300000 元）。去掉了没有收入的个体, 最小值等级为 2, 最大值等级为 12, 可以看出子代的收入划分并不是均匀的, 因此并没有对子代收入进行缩尾处理。得到父代和子代配对的样本 1404 对。

同样考虑到父代的极端值对于分析结果的影响, 这里采用缩尾替代的处理方法, 对父代收入小于 1% 和大于 99% 的数据分别用处于 1% 和 99% 的数值替代, 这样可以保证整体样本的数量不变。进行了缩尾替代处理后, 得到父代和子代的性别（见表 3 – 10）、教育水平（见表 3 – 11）、户口（见表 3 – 12）等基本信息描述。对于连续变量, 得出父代和子代的年龄和收入的基本描述（见表 3 – 13）。

表 3 – 10   2015 年 CHARLS 数据父代和子代的性别比例

性别	父代	子代
男（1 Male）	944（67.24%）	879（63.06%）
女（2 Female）	460（32.76%）	515（36.94%）
合计（Total）	1404（100%）	1394（100%）

表 3 – 11   2015 年 CHARLS 数据父代和子代的教育水平

教育水平（Level）	父代			子代		
	男（1 Male）	女（2 Female）	合计（Total）	男（1 Male）	女（2 Female）	合计（Total）
未受过教育（文盲）（1 No formal education）	22 3.24%	44 13.88%	66 6.62%	0	1 0.19%	1 0.07%
未读完小学（2 Did not finish prim）	66 9.70%	47 14.83%	113 11.33%	14 1.59%	8 1.56%	22 1.58%

续表

教育水平 （Level）	父代			子代		
	男 （1 Male）	女 （2 Female）	合计 （Total）	男 （1 Male）	女 （2 Female）	合计 （Total）
小学毕业 （4 Elementary school）	110 16.18%	54 17.03%	164 16.45%	112 12.74%	52 10.12%	164 11.77%
初中毕业 （5 Middle school）	254 37.35%	102 32.18%	356 35.71%	270 30.72%	124 24.12%	394 28.28%
高中毕业 （6 High school）	137 20.15%	44 13.88%	181 18.15%	98 11.15%	49 9.53%	147 10.55%
中专（包括中等师范、职高）毕业（7 Vocational school）	37 5.44%	14 4.42%	51 5.12%	97 11.04%	61 11.87%	158 11.34%
大专毕业 （8 2 -/3 - Year College）	44 6.47%	10 3.15%	54 5.42%	119 13.54%	91 17.70%	210 15.08%
本科毕业 （9 4 - Year College）	9 1.32%	2 0.63%	11 1.10%	149 16.96%	113 21.98%	262 18.81%
硕士、博士毕业 （10 Post - graduate，Mas）	1 0.15%	0	1 0.10%	20 2.28%	15 2.92%	35 2.51%
合计（Total）	680	317	997	879	514	1393

2015 年 CHARLS 数据中，父代样本中男性所占比例为 67.24%，女性所占比例为 32.76%；子代样本中男性所占比例为 63.06%，女性所占比例为 36.94%。总体来看，父代样本中男性比例更高。从教育程度上看，父代的教育水平普遍低于子代的教育水平，其中无论是父代还是子代，男性的教育水平普遍高于女性。2015 年 CHARLS 数据与 2016 年 CFPS 数据和 2014 年 CFPS 数据相比，性别和教育水

平上的特点基本相同。

表 3 - 12　　2015 年 CHARLS 数据父代和子代的户口信息

户口状态（Hukou Status）	父代	子代
农业（1 Agricultural Hukou）	616（69.14%）	897（64.16%）
非农业（2 Non - Agricultural Hukou）	264（29.63%）	457（32.69%）
统一居民户（3 Unified Residency Hukou）	11（1.23%）	38（2.72%）
没有户口（4 Does Not Have Hukou）	—	6（0.43%）
合计（Total）	891（100.00%）	1398（100.00%）

2015 年 CHARLS 数据中，父代中农业户口所占比例为 69.14%，非农业户口所占比例为 29.63%，农业户口比例更高。子代中农业比例为 64.16%，非农业比例为 32.69%。总体来看，2015 年 CHARLS 与 2014 年 CFPS 数据特点基本相同，子代与父代相比，非农业户口比例更高，说明我国存在着明显的从农村到城市的人口流动，并且子代与父代相比人口流动的比例更高。

表 3 - 13　　2015 年 CHARLS 数据父代和子代的年龄和收入的统计描述

变量 （Variable）	样本数 （Obs）	均值 （Mean）	标准差 （Std. Dev.）	最小值 （Min）	最大值 （Max）
父代年龄 （parentage）	1404	53.566	4.031	42	60
子代年龄 （childage）	1404	29.192	3.461	25	42
父代收入 （ga002_w2_2 ~ t）	1404	23528.730	18762.260	500	100000
子代收入 （cb069）	1404	6.575	1.633	2	12

2015 年 CHARLS 数据父代的最大年龄为 60 岁，最小年龄为 42 岁，平均年龄为 54 岁；子代的最大年龄为 42 岁，最小年龄为 25 岁，平均年龄为 29 岁。经过缩尾替代后，父代的最大收入为 100000 元，最少收入为 500 元，平均收入为 23528.73 元。子代的最少收入等级为 2，最大收入等级为 12，平均收入等级为 6.575。

第二节　中间变量法：条件收入弹性法

"条件收入弹性法"是目前在国内较为常用的验证方法，基本原理是在代际流动机制的方程中引入教育，看前面的代际收入弹性是否下降，如果下降了就说明教育是影响机制，还可以从下降的幅度判断这个机制的作用大小。这里我们用两种方程进行判断：首先是用简单的回归方程，因变量是子代的收入对数，自变量是父代的收入对数；然后用加上年龄和年龄的平方项的回归方程，也就是因变量加上父代和子代的年龄和年龄的平方项，这种方法是用来估计代际收入弹性时因为得不到终身收入时常用的。由于在估计 2016 年 CFPS 数据的代际收入弹性时，发现这一年的代际收入弹性很小，似乎说明代际流动性下降了，但用家庭收入替代父母一方的收入进行衡量，发现代际收入弹性是明显的上升趋势。因此，我们初步判定，在现在的社会经济背景下，以家庭收入去进行子代的人力资本投资更为符合经济学的基本假设，而且家庭中性别的差异逐渐减少。下面分为 2014 年 CFPS 数据、2016 年 CFPS 数据、2015 年 CHARLS 数据三种情形进行分析。每一数据下，我们将分为两种情况：一种是用父亲和母亲一方的收入去估计；另一种是用家庭收入去估计。目的是能够根据不同情形下的分析数据，进行对比分析和综合判断。

一、条件收入弹性法：2014 年 CFPS 数据

（一）用父母一方的收入去衡量

1. 简单的方程

将子代的收入对数作为因变量（用 lnchildincome 表示），父代的收入对数作为自变量（用 lnincome 表示），表 3－14 给出了父代和子代收入对数的回归分析，得出回归的系数为代际收入弹性。从表 3－14 中可以看出，2014 年 CFPS 数据中，代际收入弹性为 0.126，加入了教育变量（用 childtb4_a14_p 表示）后，代际收入弹性下降到 0.102，下降了 0.02，下降幅度为 19%，分析结果见表 3－15，说明教育是一个重要的影响机制。

表 3－14　2014 年 CFPS 数据父代和子代收入对数的回归分析

子代收入对数 （lnchildincome）	系数 （Coef.）	标准误差 （St. Err）	t 值 （t-value）	p 值 （p-value）	显著性 （Sig.）
父代收入对数 （lnincome）	0.126	0.044	2.840	0.005	***
常数项 （_cons）	8.623	0.441	19.570	0.000	***
因变量均值 （Mean dependent var）	9.870	因变量标准差 （SD dependent var）		1.031	
判定系数 （R－squared）	0.010	样本数 （Number of obs）		774.000	
F 统计量 （F－test）	8.061	p 值 （Prob > F）		0.005	
赤池信息准则 （Akaike crit.（AIC））	2238.817	贝叶斯信息准则 （Bayesian crit.（BIC））		2248.120	

注：*** 为 $p < 0.01$。

表 3 – 15　2014 年 CFPS 数据父代和子代收入对数的回归分析：加入教育变量

子代收入对数 （lnchildincome）	系数 （Coef.）	标准误差 （St. Err）	t 值 （t-value）	p 值 （p-value）	显著性 （Sig.）
父代收入对数 （lnincome）	0.102	0.044	2.300	0.022	**
子代教育 （childtb4_a14_p）	0.104	0.029	3.630	0.000	***
常数项 （_cons）	8.430	0.440	19.140	0.000	***
因变量均值 （Mean dependent var）	9.870	因变量标准差 （SD dependent var）		1.031	
判定系数 （R – squared）	0.027	样本数 （Number of obs）		774.000	
F 统计量 （F – test）	10.699	p 值 （Prob > F）		0.000	
赤池信息准则 （Akaike crit.（AIC））	2227.668	贝叶斯信息准则 （Bayesian crit.（BIC））		2241.623	

注：*** 为 $p < 0.01$，** 为 $p < 0.05$。

2. 回归方程中加入年龄和年龄的平方项

代际收入弹性的估计需要父代和子代一生的收入，但我们在估计时几乎得不到父代和子代一生的收入，学者的处理方法主要有两种：一种是采用多年收入数据进行平均，这种方法可以减少单年数据的代表性不够的问题，但我国的数据来源本身的时间跨度不是很大，如果运用了这几年的数据，匹配的父代和子代的样本数量不够充分；另一种是采用梭伦（Solon，2015）提出的方法，在回归模型中加入年龄和年龄的平方项，这种方法可以减少收入的偏差，目前学者运用的也很多，本书的研究都是采用的这种方法。

回归方程中因变量还是子代的收入对数（用 lnchildincome 表

示），自变量为父代收入对数（用 lnincome 表示），回归方程中还要加入父代和子代的年龄和年龄的平方项（分别为 cfps2014_age、age2、childcfps2014_age、childage2），分析结果见表 3 – 16。加入教育后，分析结果见表 3 – 17。

表 3 – 16 2014 年 CFPS 数据父代和子代收入对数的回归分析

（加入年龄和年龄的平方项）

子代收入对数 （lnchildincome）	系数 （Coef.）	标准误差 （St. Err）	t 值 （t-value）	p 值 （p-value）	显著性 （Sig.）
父代收入对数 （lnincome）	0.098	0.041	2.400	0.017	**
父代年龄 （cfps2014_age）	− 0.155	0.117	− 1.320	0.187	——
父代年龄平方项 （age2）	0.002	0.001	1.440	0.150	——
子代年龄 （childcfps2014_age）	0.473	0.086	5.510	0.000	***
子代年龄平方项 （childage2）	− 0.008	0.002	− 4.720	0.000	***
常数项 （_cons）	5.683	2.453	2.320	0.021	**
因变量均值 （Mean dependent var）	9.870	因变量标准差 （SD dependent var）		1.031	
判定系数 （R – squared）	0.174	样本数 （Number of obs）		774.000	
F 统计量 （F – test）	32.393	p 值 （Prob > F）		0.000	
赤池信息准则 （Akaike crit.（AIC））	2106.745	贝叶斯信息准则 （Bayesian crit.（BIC））		2134.655	

注：*** 为 $p < 0.01$，** 为 $p < 0.05$。

表 3 – 17　　　　2014 年 CFPS 数据父代和子代收入对数的
回归分析（加入年龄和年龄的平方项）：加入教育

子代收入对数 （lnchildincome）	系数 （Coef.）	标准误差 （St. Err）	t 值 （t-value）	p 值 （p-value）	显著性 （Sig.）
父代收入对数 （lnincome）	0.098	0.041	2.390	0.017	**
子代教育 （childtb4_a14_p）	− 0.001	0.028	− 0.050	0.958	—
父代年龄 （cfps2014_age）	− 0.155	0.118	− 1.320	0.187	—
父代年龄平方项 （age2）	0.002	0.001	1.440	0.150	—
子代年龄 （childcfps2014_age）	0.474	0.088	5.360	0.000	***
子代年龄平方项 （childage2）	− 0.008	0.002	− 4.590	0.000	***
常数项 （_cons）	5.679	2.456	2.310	0.021	**

因变量均值 （Mean dependent var）	9.870	因变量标准差 （SD dependent var）	1.031
判定系数 （R – squared）	0.174	样本数 （Number of obs）	774.000
F 统计量 （F – test）	26.960	p 值 （Prob > F）	0.000
赤池信息准则 （Akaike crit.（AIC））	2108.742	贝叶斯信息准则 （Bayesian crit.（BIC））	2141.303

注：*** 为 $p < 0.01$，** 为 $p < 0.05$。

　　加入年龄和年龄的平方项以后，代际收入弹性为 0.098，比没有加入年龄项的要低，这与预想的不一样，可能是因为对于数据的处理已经选取了合适的年龄，父代的年龄控制在 35～65 岁，可以很好地反映出代际收入弹性。并且，在这个基础上，加入教育的变量后，回归系数为 0.098，没有看出下降。因为，加入年龄项后，与教育变量可能是相互影响了。因此，从单纯地判断教育是否是一个重要的影响机制来看，没有必要加上年龄和年龄的平方项。

3. 回归方程中加入一些控制变量，如户口、性别、年龄

加入年龄和年龄的平方项，没有看出代际收入弹性系数的明显下降；一方面加入父代和子代的年龄项是用来估计代际收入弹性的方法，减少得不到一生收入的偏差，其实并不符合这个回归模型的基本含义。从回归分析的含义出发，子代的收入受到父代收入、子代本身户口、性别、年龄等一系列因素的影响。这样构建的回归方程的因变量还是子代的收入对数（用 lnchildincome 表示），自变量包括父代的收入对数（用 lnincome 表示）、子代的性别（用 childtb2_a_p 表示）、子代的户口（用 childqa301_a14_p 表示）、子代的年龄（用 childcfps2014_age 表示），回归分析结果见表 3 − 18。加入教育后，分析结果见表 3 − 19。

表 3 − 18 2014 年 CFPS 数据父代和子代收入对数的回归分析

（加入子代的户口、性别、年龄）

子代收入对数 （lnchildincome）	系数 （Coef.）	标准误差 （St. Err）	t 值 （t-value）	p 值 （p-value）	显著性 （Sig.）
父代收入对数 （lnincome）	0.114	0.041	2.750	0.006	***
子代性别 （childtb2_a_p）	0.288	0.069	4.160	0.000	***
子代户口 （childqa301_a14_p）	0.025	0.035	0.720	0.474	—
子代年龄 （childcfps2014_age）	0.086	0.008	10.510	0.000	***
常数项 （_cons）	6.461	0.449	14.390	0.000	***

续表

因变量均值 （Mean dependent var）	9.870	因变量标准差 （SD dependent var）	1.031
判定系数 （R－squared）	0.164	样本数 （Number of obs）	774.000
F 统计量 （F－test）	37.813	p 值 （Prob ＞ F）	0.000
赤池信息准则 （Akaike crit.（AIC））	2113.882	贝叶斯信息准则 （Bayesian crit.（BIC））	2137.140

注：*** 为 p＜0.01。

表3－19　2014 年 CFPS 数据父代和子代收入对数的回归分析

（加入子代的户口、性别、年龄）：加入教育

子代收入对数 （lnchildincome）	系数 （Coef.）	标准误差 （St. Err）	t 值 （t-value）	p 值 （p-value）	显著性 （Sig.）
父代收入对数 （lnincome）	0.106	0.041	2.560	0.011	**
子代教育 （childtb4_a14_p）	0.060	0.030	2.000	0.046	**
子代性别 （childtb2_a_p）	0.315	0.070	4.480	0.000	***
子代户口 （childqa301_a14_p）	－0.004	0.038	－0.120	0.908	
子代年龄 （childcfps2014_age）	0.083	0.008	9.990	0.000	***
常数项 （_cons）	6.404	0.449	14.260	0.000	***
因变量均值 （Mean dependent var）	9.870		因变量标准差 （SD dependent var）		1.031

判定系数 （R - squared）	0.169	样本数 （Number of obs）	774.000
F 统计量 （F - test）	31.168	p 值 （Prob > F）	0.000
赤池信息准则 （Akaike crit.（AIC））	2111.863	贝叶斯信息准则 （Bayesian crit.（BIC））	2139.772

注：*** 为 $p < 0.01$，** 为 $p < 0.05$。

加入了一些控制变量后，代际收入弹性为 0.114，比用简单模型衡量的代际收入弹性小一些，说明考虑了户口、性别和年龄后，代际收入弹性被解释了一部分。加入了教育变量后，发现代际收入弹性下降到 0.106，说明教育起到了一定的作用，从绝对数量上看，下降了 0.008，相对值下降了 7%。与简单的模型相比，教育的作用下降了，因为年龄、户口和性别这些控制变量都起到了一定的作用，教育也分解了一部分作用。这种方法虽然不能明显体现出教育的作用有多大，但同样可以肯定教育是一个影响机制。国内学者的研究也得到了同样的结论。

（二）用家庭收入去衡量

用 2016 年数据衡量代际收入弹性发现：用父母一方的收入衡量代际收入弹性比 2014 年数据得出的要小，并且 2014 年的数据有明显的性别差异，父亲对孩子的收入影响更大，而父母对儿子的收入的影响更大一些。但用 2016 年的数据去衡量没有发现明显的性别差异。尝试用家庭收入去衡量代际收入弹性，得出的数值比 2014 年的大。从经济学的角度来看，以家庭收入去影响孩子的教育投资更符合我们通常的假设。因此，这部分用家庭收入去替代父母一方的收入衡量代际收入弹性，再观察加入教育变量后，用前面的代际收入弹性系数是否下降，去判断教育是否是一个影响机制。

1. 简单的方程

同样，先用简单的方程去估计。回归分析中，因变量为子代的收入对数（用 lnchildincome 表示），自变量为家庭收入的对数（用 lnfincome 表示），分析结果见表 3 – 20。加入教育（用 childtb4_a14_p 表示）后，分析结果见表 3 – 21。

表 3 – 20　　2014 年 CFPS 数据家庭收入对数和子代收入对数的回归分析

子代收入对数 （lnchildincome）	系数 （Coef.）	标准误差 （St. Err）	t 值 （t-value）	p 值 （p-value）	显著性 （Sig.）
父代收入对数 （lnfincome）	0.295	0.043	6.930	0.000	***
常数项 （_cons）	6.611	0.472	14.000	0.000	***
因变量均值 （Mean dependent var）	9.872	因变量标准差 （SD dependent var）		1.035	
判定系数 （R – squared）	0.060	样本数 （Number of obs）		756.000	
F 统计量 （F – test）	48.010	p 值 （Prob > F）		0.000	
赤池信息准则 （Akaike crit. （AIC））	2153.227	贝叶斯信息准则 （Bayesian crit. （BIC））		2162.483	

注：*** 为 $p < 0.01$。

表 3 – 21　　2014 年 CFPS 数据家庭收入对数和子代收入对数的

回归分析：加入教育

子代收入对数 （lnchildincome）	系数 （Coef.）	标准误差 （St. Err）	t 值 （t-value）	p 值 （p-value）	显著性 （Sig.）
父代收入对数 （lnfincome）	0.272	0.043	6.330	0.000	***

续表

子代收入对数 （lnchildincome）	系数 （Coef.）	标准误差 （St. Err）	t 值 （t-value）	p 值 （p-value）	显著性 （Sig.）
子代教育 （childtb4_a14_p）	0.086	0.029	3.020	0.003	***
常数项 （_cons）	6.511	0.471	13.830	0.000	***
因变量均值 （Mean dependent var）	9.872	因变量标准差 （SD dependent var）		1.035	
判定系数 （R－squared）	0.071	样本数 （Number of obs）		756.000	
F 统计量 （F－test）	28.816	p 值 （Prob＞F）		0.000	
赤池信息准则 （Akaike crit.（AIC））	2146.139	贝叶斯信息准则 （Bayesian crit.（BIC））		2160.023	

注：*** 为 $p < 0.01$。

2014 年 CFPS 数据表明：用家庭收入替代父代的收入衡量的代际收入弹性为 0.295，比用父母一方的收入衡量的要高很多，也更为接近其他学者的研究。说明真实的代际收入弹性差不多达到了 0.3 左右。这个数值表明我国的代际收入弹性与别的国家相比处于中间的位置。加入了教育以后，代际收入弹性为 0.272，下降了 0.023，下降幅度为 8%，这个数值比前面用简单模型估计的教育作用要小，与前面加入控制变量得出的数值差不多。说明教育的确是很重要的影响机制，作用大致为 8%。

2. 回归方程中加入年龄和年龄的平方项

同样，加入父代和子代的年龄和年龄的平方项后，回归的方程中因变量还是子代的收入对数（用 lnchildincome 表示），自变量为家庭收入对数（用 lnfincome 表示），以及加入的父代和子代的年龄和年

龄 的 平 方 项 （ 分别为 cfps2014 _ age、age2、childcfps2014 _ age、childage2），分析结果见表 3 – 22。加入教育后，分析结果见表 3 – 23。

表 3 – 22　　2014 年 CFPS 数据家庭收入对数和子代收入对数回归分析

（加入年龄和年龄的平方项）

子代收入对数 （lnchildincome）	系数 （Coef.）	标准误差 （St. Err）	t 值 （t-value）	p 值 （p-value）	显著性 （Sig.）
父代收入对数 （lnfincome）	0.233	0.040	5.840	0.000	***
父代年龄 （cfps2014_age）	– 0.112	0.118	– 0.950	0.341	—
父代年龄平方项 （age2）	0.001	0.001	1.010	0.312	—
子代年龄 （childcfps2014_age）	0.437	0.085	5.120	0.000	***
子代年龄平方项 （childage2）	– 0.007	0.002	– 4.260	0.000	***
常数项 （_cons）	3.589	2.481	1.450	0.148	—
因变量均值 （Mean dependent var）	9.872	因变量标准差 （SD dependent var）		1.035	
判定系数 （R – squared）	0.204	样本数 （Number of obs）		756.000	
F 统计量 （F – test）	38.553	p 值 （Prob > F）		0.000	
赤池信息准则 （Akaike crit.（AIC））	2034.963	贝叶斯信息准则 （Bayesian crit.（BIC））		2062.731	

注：*** 为 p < 0.01。

表 3 – 23　2014 年 CFPS 数据家庭收入对数和子代收入对数回归分析

（加入年龄和年龄的平方项）：加入教育

子代收入对数 （lnchildincome）	系数 （Coef.）	标准误差 （St. Err）	t 值 （t-value）	p 值 （p-value）	显著性 （Sig.）
父代收入对数 （lnfincome）	0.234	0.040	5.830	0.000	***
子代教育 （childtb4_a14_p）	− 0.008	0.028	− 0.300	0.767	—
父代年龄 （cfps2014_age）	− 0.114	0.118	− 0.970	0.333	—
父代年龄平方项 （age2）	0.001	0.001	1.030	0.304	—
子代年龄 （childcfps2014_age）	0.444	0.088	5.030	0.000	***
子代年龄平方项 （childage2）	− 0.007	0.002	− 4.210	0.000	***
常数项 （_cons）	3.571	2.483	1.440	0.151	—
因变量均值 （Mean dependent var）	9.872	因变量标准差 （SD dependent var）		1.035	
判定系数 （R – squared）	0.205	样本数 （Number of obs）		756.000	
F 统计量 （F – test）	32.103	p 值 （Prob > F）		0.000	
赤池信息准则 （Akaike crit.（AIC））	2036.874	贝叶斯信息准则 （Bayesian crit.（BIC））		2069.270	

注：*** 为 $p < 0.01$。

　　加入年龄和年龄的平方项以后，代际收入弹性为 0.233，比没有加入年龄项的要低，与前面的分析一致，可能是因为已经控制了父代的年龄在 35 ~ 65 岁。加入教育的变量，系数为 0.234，没有下降、反而上升了。因此，从单纯地判断教育是否是一个重要的影响

81

机制来看，没有必要加上年龄和年龄的平方项。

3. 回归方程中加入一些控制变量，如户口、性别、年龄

同样，在回归方程中加入了一些控制变量，如子代的户口、性别和年龄。加入后的回归方程为：因变量还是子代的收入对数（用lnchildincome 表示），自变量包括家庭收入对数（用 lnfincome 表示）、子代的性别（用 childtb2＿a＿p 表示）、子代的户口（用 childqa301_a14_p 表示）、子代的年龄（用 childcfps2014_age 表示），回归分析结果见表 3 - 24。加入教育后，分析结果见表 3 - 25。

表 3 - 24　　2014 年 CFPS 数据家庭收入和子代收入对数回归分析

（加入户口、性别、年龄）

子代收入对数 （lnchildincome）	系数 （Coef.）	标准误差 （St. Err）	t 值 （t-value）	p 值 （p-value）	显著性 （Sig.）
父代收入对数 （lnfincome）	0.250	0.040	6.310	0.000	***
子代性别 （childtb2_a_p）	0.276	0.069	4.010	0.000	***
子代户口 （childqa301_a14_p）	0.023	0.035	0.660	0.510	
子代年龄 （childcfps2014_age）	0.082	0.008	10.130	0.000	***
常数项 （_cons）	4.916	0.463	10.610	0.000	***
因变量均值 （Mean dependent var）	9.872	因变量标准差 （SD dependent var）		1.035	
判定系数 （R - squared）	0.199	样本数 （Number of obs）		756.000	
F 统计量 （F - test）	46.579	p 值 （Prob > F）		0.000	
赤池信息准则 （Akaike crit.（AIC））	2038.353	贝叶斯信息准则 （Bayesian crit.（BIC））		2061.494	

注：*** 为 $p < 0.01$，** 为 $p < 0.05$，* 为 $p < 0.1$。

表 3 – 25 **2014 年 CFPS 数据家庭收入和子代收入对数回归分析**

（加入户口、性别、年龄）：加入教育

子代收入对数 （lnchildincome）	系数 （Coef.）	标准误差 （St. Err）	t 值 （t-value）	p 值 （p-value）	显著性 （Sig.）
父代收入对数 （lnfincome）	0.240	0.040	6.000	0.000	***
子代教育 （childtb4_a14_p）	0.048	0.030	1.590	0.112	
子代性别 （childtb2_a_p）	0.298	0.070	4.250	0.000	***
子代户口 （childqa301_a14_p）	-0.001	0.038	-0.020	0.985	
子代年龄 （childcfps2014_age）	0.080	0.008	9.730	0.000	***
常数项 （_cons）	4.908	0.463	10.610	0.000	***

因变量均值 （Mean dependent var）	9.872	因变量标准差 （SD dependent var）	1.035
判定系数 （R – squared）	0.201	样本数 （Number of obs）	756.000
F 统计量 （F – test）	37.847	p 值 （Prob > F）	0.000
赤池信息准则 （Akaike crit.（AIC））	2037.799	贝叶斯信息准则 （Bayesian crit.（BIC））	2065.568

注：*** 为 $p < 0.01$，** 为 $p < 0.05$，* 为 $p < 0.1$。

加入了一些控制变量后，代际收入弹性为 0.250，说明考虑了户口、性别和年龄后，代际收入弹性是更大的。加入了教育变量后，发现代际收入弹性下降到 0.240，说明教育起到了一定的作用。从绝对数量上看，下降了 0.01，相对而言下降了 4%。与简单的模型相比，教育的作用下降了，可能是因为年龄、户口和性别都起到了一定的作用。这种方法虽然不能具体地衡量出教育的贡献程度，但可以肯定的是教育是一个的影响机制，所起的作用不小。

二、条件收入弹性法：2016 年 CFPS 数据

（一）用父母一方的收入去衡量

1. 简单的方程

简单的回归方程中：子代的收入对数为因变量（用 lnchildincome 表示），父代的收入对数为自变量（用 lnincome 表示），表 3 – 26 给出了父代收入对数和子代收入对数的回归分析，得出回归的系数为代际收入弹性。资料显示：2016 年 CFPS 数据的代际收入弹性为 0.091，加入了教育变量（用 childtb4_a16_p 表示）后，分析结果见表 3 – 27，代际收入弹性下降到 0.076，下降了 0.015，下降幅度为 16.5%，说明教育是一个重要的影响机制。2016 年 CFPS 数据的代际收入弹性小于 2014 年 CFPS 数据，可能从父母一方的收入来看代际流动性增强了。另外，得到的教育作用的幅度基本不变。

表 3 – 26　2016 年 CFPS 数据父代和子代收入对数的回归分析

子代收入对数 （lnchildincome）	系数 （Coef.）	标准误差 （St. Err）	t 值 （t-value）	p 值 （p-value）	显著性 （Sig.）
父代收入对数 （lnincome）	0.091	0.053	1.720	0.086	*
常数项 （_cons）	9.237	0.522	17.700	0.000	***

续表

因变量均值 （Mean dependent var）	10. 130	因变量标准差 （SD dependent var）	1. 063
判定系数 （R – squared）	0. 006	样本数 （Number of obs）	478. 000
F 统计量 （F – test）	2. 960	p 值 （Prob > F）	0. 086
赤池信息准则 （Akaike crit. （AIC））	1415. 018	贝叶斯信息准则 （Bayesian crit. （BIC））	1423. 357

注：*** 为 p < 0. 01，* 为 p < 0. 1。

表 3 – 27　　2016 年 CFPS 数据父代和子代收入对数的

回归分析：加入教育变量

子代收入对数 （lnchildincome）	系数 （Coef. ）	标准误差 （St. Err）	t 值 （t-value）	p 值 （p-value）	显著性 （Sig. ）
父代收入对数 （lnincome）	0. 076	0. 052	1. 450	0. 148	
子代教育 （childtb4_a16_p）	0. 103	0. 033	3. 100	0. 002	***
常数项 （_cons）	8. 970	0. 524	17. 110	0. 000	***
因变量均值 （Mean dependent var）	10. 130		因变量标准差 （SD dependent var）		1. 063
判定系数 （R – squared）	0. 026		样本数 （Number of obs）		478. 000
F 统计量 （F – test）	6. 322		p 值 （Prob > F）		0. 002
赤池信息准则 （Akaike crit. （AIC））	1407. 424		贝叶斯信息准则 （Bayesian crit. （BIC））		1419. 932

注：*** 为 p < 0. 01，** 为 p < 0. 05，* 为 p < 0. 1。

2. 回归方程中加入年龄和年龄的平方项

回归的方程中因变量还是子代收入的对数（用 lnchildincome 表示），自变量为父代收入的对数（用 lnincome 表示），这里加入父代和子代的年龄和年龄的平方项（分别为 cfps_age、age2、childcfps_age、childage2），分析结果见表 3-28。加入教育后，分析结果见表 3-29。

表 3-28　2016 年 CFPS 数据父代和子代收入对数的回归分析

（加入年龄和年龄的平方项）

子代收入对数 （lnchildincome）	系数 （Coef.）	标准误差 （St. Err）	t 值 （t-value）	p 值 （p-value）	显著性 （Sig.）
父代收入 （lnincome）	0.093	0.050	1.850	0.065	*
父代年龄 （cfps_age）	0.119	0.138	0.870	0.387	—
父代年龄平方项 （age2）	-0.001	0.001	-0.850	0.394	—
子代年龄 （childcfps_age）	0.280	0.094	2.980	0.003	***
子代年龄平方项 （childage2）	-0.004	0.002	-2.250	0.025	**
常数项 （_cons）	1.686	2.826	0.600	0.551	—
因变量均值 （Mean dependent var）	10.130	因变量标准差 （SD dependent var）		1.063	
判定系数 （R-squared）	0.138	样本数 （Number of obs）		478.000	
F 统计量 （F-test）	15.119	p 值 （Prob > F）		0.000	
赤池信息准则 （Akaike crit.（AIC））	1354.971	贝叶斯信息准则 （Bayesian crit.（BIC））		1379.989	

注：*** 为 $p<0.01$，** 为 $p<0.05$，* 为 $p<0.1$。

表 3 – 29　2016 年 CFPS 数据父代和子代收入对数的回归分析

（加入年龄和年龄的平方项）：加入教育

子代收入对数 （lnchildincome）	系数 （Coef.）	标准误差 （St. Err）	t 值 （t-value）	p 值 （p-value）	显著性 （Sig.）
父代收入对数 （lnincome）	0.089	0.050	1.770	0.077	*
子代教育 （childtb4_a16_p）	0.043	0.034	1.270	0.205	—
父代年龄 （cfps_age）	0.100	0.139	0.720	0.469	—
父代年龄平方项 （age2）	– 0.001	0.001	– 0.720	0.473	—
子代年龄 （childcfps_age）	0.256	0.096	2.660	0.008	***
子代年龄平方项 （childage2）	– 0.003	0.002	– 1.960	0.050	**
常数项 （_cons）	2.379	2.877	0.830	0.409	—
因变量均值 （Mean dependent var）	10.130	因变量标准差 （SD dependent var）	1.063		
判定系数 （R – squared）	0.141	样本数 （Number of obs）	478.000		
F 统计量 （F – test）	12.884	p 值 （Prob > F）	0.000		
赤池信息准则 （Akaike crit.（AIC））	1355.339	贝叶斯信息准则 （Bayesian crit.（BIC））	1384.526		

注：*** 为 $p < 0.01$，** 为 $p < 0.05$，* 为 $p < 0.1$。

　　加入年龄和年龄的平方项以后，代际收入弹性为 0.093，比没有加入年龄和年龄的平方项时稍微高一点。并且，在这个基础上，加入教育的变量，回归系数为 0.089，代际收入弹性下降了 0.004，下降幅度为 4.3%。同样验证了教育是一个影响机制。

（二）用家庭收入去衡量

1. 简单的模型

2016 年用父母一方的收入衡量的代际收入弹性小于用 2014 年数据的分析结果，似乎说明 2016 年与 2014 年相比，代际收入弹性减少了。在分析 2014 年 CFPS 数据时，也猜测过用家庭收入去衡量更符合经济学的假设，并且采用家庭收入去衡量的代际收入弹性比用父母一方的收入得出的数值大很多。这里同样用家庭收入去衡量代际收入弹性。

同样，先用简单的方程去估计。回归分析中，因变量为子代的收入对数（用 lnchildincome 表示），自变量为家庭收入对数（用 lnfincome 表示），分析结果见表 3 – 30。加入教育（用 childtb4_a16_p 表示）后，分析结果见表 3 – 31。

表 3 – 30　　　　2016 年 CFPS 数据家庭收入对数与
子代收入对数的回归分析

子代收入对数（lnchildincome）	系数（Coef.）	标准误差（St. Err）	t 值（t-value）	p 值（p-value）	显著性（Sig.）
父代收入对数（lnfincome）	0.462	0.070	6.560	0.000	***
常数项（_cons）	4.926	0.795	6.200	0.000	***
因变量均值（Mean dependent var）	10.130	因变量标准差（SD dependent var）			1.063
判定系数（R – squared）	0.083	样本数（Number of obs）			478.000
F 统计量（F – test）	43.010	p 值（Prob > F）			0.000
赤池信息准则（Akaike crit.（AIC））	1376.632	贝叶斯信息准则（Bayesian crit.（BIC））			1384.972

注：*** 为 $p < 0.01$，** 为 $p < 0.05$，* 为 $p < 0.1$。

表 3 – 31　　　　　**2016 年 CFPS 数据家庭收入对数与**

子代收入对数的回归分析（加入教育变量）

子代收入对数 （lnchildincome）	系数 （Coef.）	标准误差 （St. Err）	t 值 （t-value）	p 值 （p-value）	显著性 （Sig.）
父代收入对数 （lnfincome）	0.436	0.071	6.130	0.000	***
子代教育 （childtb4_a16_p）	0.076	0.032	2.350	0.019	**
常数项 （_cons）	4.922	0.791	6.220	0.000	***
因变量均值 （Mean dependent var）	10.130	因变量标准差 （SD dependent var）		1.063	
判定系数 （R – squared）	0.093	样本数 （Number of obs）		478.000	
F 统计量 （F – test）	24.461	p 值 （Prob > F）		0.000	
赤池信息准则 （Akaike crit.（AIC））	1373.125	贝叶斯信息准则 （Bayesian crit.（BIC））		1385.633	

注：*** 为 $p < 0.01$，** 为 $p < 0.05$，* 为 $p < 0.1$。

用家庭收入替代父代收入衡量的 2016 年的代际收入弹性为 0.462，比用父母一方的收入衡量的要高很多，也比用 2014 年家庭收入衡量的高很多，说明中国的代际收入弹性呈现出上升的趋势。这个数值与美国等一些代际收入弹性较高的国家相比还是要低一些的，但与北欧的一些国家（如瑞士、丹麦）相比，数值已经较高了。说明我国的阶层固化现象已经很明显了。用家庭收入去衡量比用父母一方的收入衡量高很多，也说明一些家庭母亲是不工作的，或者说家庭其他资产性收入发挥了不容小觑的作用。加入了教育以后，代际收入弹性为 0.436，下降了 0.026，下降幅度为 5.96%，这个数值比前面用简单模型估计的教育作用要小。但同样也说明教育的确是一个影响机制。

2. 回归方程中加入年龄和年龄的平方项

同样，加入父代和子代的年龄和年龄的平方项后，回归的方程中因变量还是子代的收入对数（用 lnchildincome 表示），自变量为家庭收入对数（用 lnfincome 表示），加入的父代和子代的年龄和年龄的平方项（分别为 cfps_age、age2、childcfps_age、childage2），分析结果见表 3-32。加入教育后，分析结果见表 3-33。

表 3-32　　2016 年 CFPS 家庭收入对数与子代收入对数的回归分析

（加入年龄和年龄的平方项）

子代收入对数 （lnchildincome）	系数 （Coef.）	标准误差 （St. Err）	t 值 （t-value）	p 值 （p-value）	显著性 （Sig.）
父代家庭收入对数 （lnfincome）	0.390	0.067	5.810	0.000	***
父代年龄 （cfps_age）	0.140	0.132	1.060	0.289	—
父代年龄平方项 （age2）	-0.001	0.001	-1.050	0.295	—
子代年龄 （childcfps_age）	0.247	0.091	2.700	0.007	***
子代年龄平方项 （childage2）	-0.003	0.002	-2.030	0.043	**
常数项 （_cons）	-1.802	2.807	-0.640	0.521	—
因变量均值 （Mean dependent var）	10.130	因变量标准差 （SD dependent var）		1.063	
判定系数 （R - squared）	0.190	样本数 （Number of obs）		478.000	
F 统计量 （F - test）	22.101	p 值 （Prob > F）		0.000	
赤池信息准则 （Akaike crit.（AIC））	1325.430	贝叶斯信息准则 （Bayesian crit.（BIC））		1350.448	

注：*** 为 p<0.01，** 为 p<0.05，* 为 p<0.1。

表 3 – 33　　**2016 年 CFPS 家庭收入对数与子代收入对数的回归分析**

（加入年龄和年龄的平方项）：加入教育

子代收入对数 （lnchildincome）	系数 （Coef.）	标准误差 （St. Err）	t 值 （t-value）	p 值 （p-value）	显著性 （Sig.）
父代家庭收入对数 （lnfincome）	0.384	0.068	5.670	0.000	***
子代教育 （childtb4_a16_p）	0.021	0.033	0.650	0.516	—
父代年龄 （cfps_age）	0.130	0.133	0.980	0.328	—
父代年龄平方项 （age2）	−0.001	0.001	−0.970	0.333	—
子代年龄 （childcfps_age）	0.235	0.093	2.520	0.012	**
子代年龄平方项 （childage2）	−0.003	0.002	−1.870	0.062	*
常数项 （_cons）	−1.402	2.875	−0.490	0.626	—
因变量均值 （Mean dependent var）	10.130	因变量标准差 （SD dependent var）		1.063	
判定系数 （R – squared）	0.190	样本数 （Number of obs）		478.000	
F 统计量 （F – test）	18.465	p 值 （Prob > F）		0.000	
赤池信息准则 （Akaike crit.（AIC））	1327.001	贝叶斯信息准则 （Bayesian crit.（BIC））		1356.189	

注：*** 为 p<0.01，** 为 p<0.05，* 为 p<0.1。

　　加入年龄和年龄的平方项以后，代际收入弹性为 0.390，加入教育的变量，系数为 0.384，下降了 0.006，下降幅度为 1.5%。从 2016 年的 CFPS 数据可以看出，用家庭收入衡量的代际收入弹性大大提高了，但各个模型都表明教育是重要的影响机制。

这里没有加入控制变量去估计。因为通过简单的模型及加入年龄项的这些模型都可以看出研究结论非常一致，可以毋庸置疑地得出教育是一个影响机制。

三、条件收入弹性法：2015 年 CHARLS 数据

（一）简单的模型

在 CHARLS 数据库中，子代的收入是用等级划分的，因此这里的回归分析采用有序的 logistic 回归。

将子代的收入作为因变量（用 cb069 表示），父代的收入对数作为自变量（用 lnga002_w2_2bparent 表示），表 3 - 34 给出了父代和子代收入对数的回归分析，得出回归的系数为代际收入弹性。

表 3 - 34 　　 2015 年 CHARLS 数据子代收入与父代收入
对数的有序 logistic 回归

子代收入 （cb069）	系数 （Coef.）	标准误差 （St. Err）	t 值 （t-value）	p 值 （p-value）	显著性 （Sig.）
父代收入对数 （lnga002_w2_2bparent）	0.339	0.044	7.650	0.000	***
常数项（_cons）	- 1.837	0.533	- 3.440	0.001	***
常数项（_cons）	- 0.009	0.439	- 0.020	0.983	
常数项（_cons）	0.908	0.428	2.120	0.034	**
常数项（_cons）	2.130	0.427	4.990	0.000	***
常数项（_cons）	3.071	0.431	7.120	0.000	***
常数项（_cons）	4.323	0.439	9.850	0.000	***
常数项（_cons）	5.740	0.449	12.780	0.000	***

续表

子代收入 （cb069）	系数 （Coef.）	标准误差 （St. Err）	t 值 （t-value）	p 值 （p-value）	显著性 （Sig.）
常数项（_cons）	6.702	0.464	14.450	0.000	***
常数项（_cons）	7.273	0.481	15.120	0.000	***
常数项（_cons）	8.387	0.553	15.170	0.000	***
因变量均值 （Mean dependent var）	6.575		因变量标准差 （SD dependent var）	1.633	
样本数 （Number of obs）	1404.000		卡方值 （Chi - square）	58.502	
p 值 （Prob > chi2）	0.000		赤池信息准则 （Akaike crit.（AIC））	5230.004	

注：*** 为 $p < 0.01$，** 为 $p < 0.05$，* 为 $p < 0.1$。

表 3 – 35　2015 年 CHARLS 数据子代收入与父代收入对数的

有序 logistic 回归：加入教育变量

子代收入 （cb069）	系数 （Coef.）	标准误差 （St. Err）	t 值 （t-value）	p 值 （p-value）	显著性 （Sig.）
父代收入对数 （lnga002_w2_2bparent）	0.249	0.045	5.540	0.000	***
子代教育 （childeducation）	0.272	0.027	10.190	0.000	***
常数项（_cons）	- 1.059	0.538	- 1.970	0.049	**
常数项（_cons）	0.775	0.445	1.740	0.081	*
常数项（_cons）	1.710	0.435	3.930	0.000	***
常数项（_cons）	2.971	0.435	6.830	0.000	***
常数项（_cons）	3.958	0.440	8.990	0.000	***
常数项（_cons）	5.277	0.450	11.730	0.000	***
常数项（_cons）	6.743	0.462	14.600	0.000	***

续表

子代收入 （cb069）	系数 （Coef.）	标准误差 （St. Err）	t 值 （t-value）	p 值 （p-value）	显著性 （Sig.）
常数项（_cons）	7.720	0.477	16.180	0.000	***
常数项（_cons）	8.295	0.494	16.800	0.000	***
常数项（_cons）	9.413	0.564	16.680	0.000	***
因变量均值 （Mean dependent var）	6.576		因变量标准差 （SD dependent var）		1.633
样本数 （Number of obs）	1403.000		卡方值 （Chi-square）		160.954
p 值 （Prob > chi2）	0.000		赤池信息准则 （Akaike crit.（AIC））		5121.421

注：*** 为 $p < 0.01$，** 为 $p < 0.05$，* 为 $p < 0.1$。

从表 3-34 中可以看出，2015 年 CHARLS 数据中，代际收入弹性为 0.339，与 2014 年和 2016 年用家庭收入衡量的代际收入弹性差不多。加入了教育变量（用 childeducation 表示）后，分析结果见表 3-35，代际收入弹性为 0.249，下降了 0.09，下降幅度为 26.54%，这个数值说明教育的确是很重要的影响机制。

（二）回归方程中加入年龄项

同样，加入父代和子代的年龄项后，回归的方程中因变量还是子代的收入对数（用 cb069 表示），自变量为父代收入对数（用 ln-ga002_w2_2bparent 表示），还有加入的父代和子代的年龄项（分别为 parentage 和 childage），分析结果见表 3-36。加入教育后，分析结果见表 3-37。

表 3 - 36 2015 年 CHARLS 数据子代收入与父代收入对数的

有序 logistic 回归（加入年龄项）

子代收入 （cb069）	系数 （Coef.）	标准误差 （St. Err）	t 值 （t-value）	p 值 （p-value）	显著性 （Sig.）
父代收入对数 （lnga002_w2_2bparent）	0.372	0.045	8.260	0.000	***
父代年龄 （parentage）	0.019	0.016	1.220	0.222	—
子代年龄 （childage）	0.066	0.019	3.560	0.000	***
常数项（_cons）	1.411	0.850	1.660	0.097	*
常数项（_cons）	3.240	0.795	4.080	0.000	***
常数项（_cons）	4.160	0.790	5.270	0.000	***
常数项（_cons）	5.390	0.791	6.810	0.000	***
常数项（_cons）	6.344	0.796	7.970	0.000	***
常数项（_cons）	7.625	0.804	9.480	0.000	***
常数项（_cons）	9.063	0.813	11.150	0.000	***
常数项（_cons）	10.032	0.822	12.200	0.000	***
常数项（_cons）	10.604	0.832	12.740	0.000	***
常数项（_cons）	11.719	0.876	13.380	0.000	***
因变量均值 （Mean dependent var）	6.575	因变量标准差 （SD dependent var）		1.633	
样本数 （Number of obs）	1404.000	卡方值 （Chi - square）		91.783	
p 值 （Prob > chi2）	0.000	赤池信息准则 （Akaike crit.（AIC））		5199.080	

注：*** 为 p < 0.01，** 为 p < 0.05，* 为 p < 0.1。

表 3 - 37　2015 年 CHARLS 数据子代收入与父代收入对数的
有序 logistic 回归（加入年龄项）：加入教育变量

子代收入 （cb069）	系数 （Coef.）	标准误差 （St. Err）	t 值 （t-value）	p 值 （p-value）	显著性 （Sig.）
父代收入对数 （lnga002_w2_2bparent）	0.283	0.045	6.230	0.000	***
子代教育 （childeducation）	0.306	0.027	11.260	0.000	***
父代年龄 （parentage）	0.011	0.016	0.690	0.491	—
子代年龄 （childage）	0.102	0.019	5.360	0.000	***
常数项（_cons）	2.983	0.861	3.460	0.001	***
常数项（_cons）	4.819	0.806	5.980	0.000	***
常数项（_cons）	5.761	0.802	7.180	0.000	***
常数项（_cons）	7.039	0.805	8.750	0.000	***
常数项（_cons）	8.050	0.811	9.930	0.000	***
常数项（_cons）	9.416	0.821	11.460	0.000	***
常数项（_cons）	10.921	0.833	13.120	0.000	***
常数项（_cons）	11.909	0.842	14.140	0.000	***
常数项（_cons）	12.487	0.853	14.650	0.000	***
常数项（_cons）	13.608	0.895	15.200	0.000	***
因变量均值 （Mean dependent var）	6.576		因变量标准差 （SD dependent var）		1.633
样本数 （Number of obs）	1403.000		卡方值 （Chi - square）		216.802
p 值 （Prob > chi2）	0.000		赤池信息准则 （Akaike crit.（AIC））		5065.405

注：*** 为 $p < 0.01$，** 为 $p < 0.05$，* 为 $p < 0.1$。

加入年龄和年龄的平方项以后，代际收入弹性为 0.372，比没有加入年龄项高，说明加入年龄变量后，更好地估计了代际收入弹性。并且，在这个基础上，加入教育变量后，回归系数为 0.283，代际收入弹性下降了 0.089，下降幅度为 23.9%，说明教育是一个很重要的影响机制。

（三）结果的比较

这部分选用了 2014 年 CFPS 数据、2016 年 CFPS 数据、2015 年 CHARLS 数据，采用条件为收入弹性，在回归方程中加入教育变量，观察如果代际收入弹性下降，说明教育是一个影响机制。其中 2014 年 CFPS 数据用父母一方的收入和家庭收入两种情形去估计，每一种又分为基本的模型（也就是自变量只有父代收入对数）、加入年龄项的模型（自变量加入了父代和子代的年龄和年龄的平方项）、加入控制变量的模型（自变量除了父代收入对数，加入了子代的性别、户口和年龄）。2016 年的 CFPS 数据也同样采用父母一方的收入和家庭收入去衡量，只衡量了简单的模型和加入年龄项这两种情形。2015 年的 CHARLS 数据，只用了父母一方的收入，并且也只是估计了基本的模型和加入年龄项这两种情形。无论是哪一种估计，得出的结果都是非常一致的，加入教育变量后，回归系数下降了，说明教育是一个影响机制。就是因为每一种情形都是一致的结论，因此后面的数据没有采用和 2014 年 CFPS 数据同样多的情形。

第三节　中间变量法：布兰登（Blanden）分解法

这种分解方法的主要原理是：首先，构建父代和子代收入对数的回归方程，计算出代际收入弹性，作为总的系数；其次，构建子代的教育水平等因素与父代收入之间的回归模型，子代的教育水平为因变量，父代的收入为自变量，回归系数为父代的教育投资系数；然后，构建关于子代收入的回归方程，如子代的教育水平、工作等信息，这里得出前面的系数为收益率，如教育前面的系数是教育收益率。这样父代的教育投资系数乘子代的教育收益率，是教育的弹性系数；最后，再除以总的代际收入弹性为教育的贡献率。

一、布兰登（Blanden）分解法：2014 年 CFPS 数据

这里对于 CFPS 数据，依然采用父母一方的收入和家庭收入两种情形来分析。

（一）用父代的收入去衡量

根据前文的基本原理，第一个回归模型是衡量代际收入弹性的回归模型：子代收入对数为因变量，自变量为父代的收入对数，分析结果见表 3 - 38。

第二个回归模型是衡量父代的教育投资系数，因变量为子代的教育水平（用 childtb4_a14_p 表示），自变量为父代的收入对数（用 lnincome 表示），分析结果见表 3 - 39。

第三个回归模型是衡量子代的教育收益率，因变量为子代的收入对数（用 lnchildincome 表示），自变量为子代的教育（用 childtb4_a14_p 表示）、子代的年龄（用 childcfps2014_age 表示）、子代的户口（用 childqa301_a14_p 表示）、子代的性别（用 childtb2_a_p 表示），分析结果见表 3 - 40。

1. 父代和子代的代际收入弹性

表 3 - 38   2014 年 CFPS 数据父代收入对数和子代收入对数的

回归分析：计算代际收入弹性

子代收入对数 （lnchildincome）	系数 （Coef.）	标准误 （St. Err）	t 值 （t-value）	p 值 （p-value）	显著性 （Sig.）
父代收入对数 （lnincome）	0.126	0.044	2.840	0.005	***
常数项 （_cons）	8.623	0.441	19.570	0.000	***
因变量均值 （Mean dependent var）	9.870	因变量标准差 （SD dependent var）		1.031	
判定系数 （R - squared）	0.010	样本数 （Number of obs）		774.000	
F 统计量 （F - test）	8.061	p 值 （Prob > F）		0.005	
赤池信息准则 （Akaike crit.（AIC））	2238.817	贝叶斯信息准则 （Bayesian crit.（BIC））		2248.120	

注：*** 为 p < 0.01，** 为 p < 0.05，* 为 p < 0.1。

2. 父代的教育投资系数

表 3 - 39   2014 年 CFPS 数据子代的教育与父代收入的回归：

计算父代的教育投资系数

子代教育 （childtb4_a14_p）	系数 （Coef.）	标准误 （St. Err）	t 值 （t-value）	p 值 （p-value）	显著性 （Sig.）
父代收入对数 （lnincome）	0.226	0.055	4.080	0.000	***
常数项 （_cons）	1.856	0.551	3.370	0.001	***

续表

因变量均值 （Mean dependent var）	4.098	因变量标准差 （SD dependent var）	1.296
判定系数 （R – squared）	0.021	样本数 （Number of obs）	774.000
F 统计量 （F – test）	16.673	p 值 （Prob > F）	0.000
赤池信息准则 （Akaike crit.（AIC））	2584.464	贝叶斯信息准则 （Bayesian crit.（BIC））	2593.767

注：*** 为 $p < 0.01$，** 为 $p < 0.05$，* 为 $p < 0.1$。

3. 子代的教育收益率

表 3 – 40　2014 年 CFPS 数据子代的收入与子代的教育、年龄、

户口和性别回归：教育收益率的估计

子代收入对数 （lnchildincome）	系数 （Coef.）	标准误 （St. Err）	t 值 （t-value）	p 值 （p-value）	显著性 （Sig.）
子代教育 （childtb4_a14_p）	0.067	0.030	2.240	0.025	**
子代年龄 （childcfps2014_age）	0.082	0.008	9.870	0.000	***
子代户口 （childqa301_a14_p）	0.006	0.038	0.160	0.875	——
子代性别 （childtb2_a_p）	0.318	0.071	4.510	0.000	***
常数项 （_cons）	7.418	0.210	35.270	0.000	***

续表

因变量均值 （Mean dependent var）	9.870	因变量标准差 （SD dependent var）	1.031
判定系数 （R－squared）	0.162	样本数 （Number of obs）	774.000
F 统计量 （F－test）	37.062	p 值 （Prob＞F）	0.000
赤池信息准则 （Akaike crit.（AIC））	2116.413	贝叶斯信息准则 （Bayesian crit.（BIC））	2139.671

注：＊＊＊为 p＜0.01，＊＊为 p＜0.05，＊为 p＜0.1。

通过 2014 年 CFPS 数据三个回归分析结果表明：通过父代收入对数和子代收入对数的回归分析得到的系数为 0.126，表明代际收入弹性为 0.126。通过子代的教育与父代收入对数的回归得到的系数为 0.226，表明父代收入提高后，子代教育水平提高，父代的教育投资系数为 0.226。通过子代的收入对数和教育水平、年龄的回归后，得到的回归系数为 0.067，表明子代的教育收益率为 0.067。这样得到的分解率为：父代的教育投资系数×子代的教育收益率/总的代际收入弹性，也就是教育的贡献率为 ＝0.067×0.226/0.126＝12%，说明教育的影响程度为 12%。

（二）用家庭收入去衡量

在用家庭收入去衡量时，模型的思路与前文是相同的，只是将父母一方的收入用家庭收入去替代。第一个回归模型是衡量代际收入弹性的回归模型：子代收入对数为因变量（用 lnchild-income 表示），自变量为家庭收入的对数（用 lnfincome 表示），分析结果见表 3－41。

第二个回归模型是衡量父代家庭的教育投资系数，因变量为子代的教育水平（用 childtb4_a14_p 表示），自变量为家庭收入的对数（用 lnfincome 表示），分析结果见表 3 - 42。

第三个回归模型是衡量子代的教育收益率，因变量为子代的收入对数（用 lnchildincome 表示），自变量为子代的教育（用 childtb4_a14_p 表示）、子代的年龄（用 childcfps2014_age 表示）、子代的户口（用 childqa301_a14_p 表示）、子代的性别（用 childtb2_a_p 表示），分析结果见表 3 - 43。

1. 家庭和子代的代际收入弹性

表 3 - 41　　　2014 年 CFPS 数据家庭收入对数和子代收入
对数的回归分析：计算代际收入弹性

子代收入对数 （lnchildincome）	系数 （Coef.）	标准误 （St. Err）	t 值 （t-value）	p 值 （p-value）	显著性 （Sig.）
父代家庭收入 （lnfincome）	0.295	0.043	6.930	0.000	***
常数项 （_cons）	6.611	0.472	14.000	0.000	***
因变量均值 （Mean dependent var）	9.872	因变量标准差 （SD dependent var）		1.035	
判定系数 （R - squared）	0.060	样本数 （Number of obs）		756.000	
F 统计量 （F - test）	48.010	p 值 （Prob > F）		0.000	
赤池信息准则 （Akaike crit.（AIC））	2153.227	贝叶斯信息准则 （Bayesian crit.（BIC））		2162.483	

注：*** 为 p < 0.01，** 为 p < 0.05，* 为 p < 0.1。

2. 父代家庭的教育投资系数

表 3 – 42 　　　　　**2014 年 CFPS 数据子代的教育与家庭收入**

对数的回归：计算家庭的教育投资系数

子代教育 （childtb4_a14_p）	系数 （Coef.）	标准误 （St. Err）	t 值 （t-value）	p 值 （p-value）	显著性 （Sig.）
父代家庭收入 （lnfincome）	0.266	0.054	4.920	0.000	***
常数项 （_cons）	1.162	0.600	1.940	0.053	*
因变量均值 （Mean dependent var）	4.103	因变量标准差 （SD dependent var）		1.295	
判定系数 （R – squared）	0.031	样本数 （Number of obs）		756.000	
F 统计量 （F – test）	24.191	p 值 （Prob > F）		0.000	
赤池信息准则 （Akaike crit.（AIC））	2515.308	贝叶斯信息准则 （Bayesian crit.（BIC））		2524.564	

注：*** 为 $p < 0.01$，** 为 $p < 0.05$，* 为 $p < 0.1$。

3. 子代的教育收益率

表 3 – 43　**2014 年 CFPS 数据子代的收入与子代的教育、年龄、**

户口和性别回归：教育收益率的估计

子代收入对数 （lnchildincome）	系数 （Coef.）	标准误 （St. Err）	t 值 （t-value）	p 值 （p-value）	显著性 （Sig.）
子代教育 （childtb4_a14_p）	0.067	0.030	2.240	0.025	**

续表

子代收入对数 （lnchildincome）	系数 （Coef.）	标准误 （St. Err）	t 值 （t-value）	p 值 （p-value）	显著性 （Sig.）
子代年龄 （childcfps2014_age）	0.082	0.008	9.870	0.000	***
子代户口 （childqa301_a14_p）	0.006	0.038	0.160	0.875	—
子代性别 （childtb2_a_p）	0.318	0.071	4.510	0.000	***
常数项 （_cons）	7.418	0.210	35.270	0.000	***
因变量均值 （Mean dependent var）	9.870	因变量标准差 （SD dependent var）		1.031	
判定系数 （R‒squared）	0.162	样本数 （Number of obs）		774.000	
F 统计量 （F‒test）	37.062	p 值 （Prob＞F）		0.000	
赤池信息准则 （Akaike crit.（AIC））	2116.413	贝叶斯信息准则 （Bayesian crit.（BIC））		2139.671	

注：*** 为 $p<0.01$，** 为 $p<0.05$，* 为 $p<0.1$。

通过 2014 年 CFPS 数据的三个回归分析结果表明：通过家庭收入和子代收入对数的回归得到系数为 0.295，表明代际收入弹性为 0.295。通过子代的教育与家庭收入对数的回归得到的系数为 0.266，表明家庭收入提高后，子代教育水平提高，教育的投资系数为 0.266。通过子代的收入对数和教育水平、年龄的回归后，得到的回归系数为 0.067，表明子代的教育收益率为 0.067。这样得到的分解率为：父代的家庭教育投资系数 × 子代的教育收益率/总的代际收入弹性，也就是用家庭收入衡量的教育贡献率为 = 0.067 × 0.266/0.295 = 6%，说明家庭中教育的影响程度为 6%。

二、布兰登（Blanden）分解法：2016 年 CFPS 数据

这里对于 2016 年 CFPS 数据，依然采用父母一方的收入和家庭收入两种情形来分析。

（一）用父代的收入去衡量

与前文的基本原理和回归模型完全相同，第一个回归模型是衡量代际收入弹性的回归模型：子代收入对数为因变量，自变量为父代的收入对数，分析结果见表 3 – 44。

第二个回归模型是衡量父代的教育投资系数，因变量为子代的教育水平（用 childtb4_a16_p 表示），自变量为父代的收入对数（用 lnincome 表示），分析结果见表 3 – 45。

第三个回归模型是衡量子代的教育收益率，因变量为子代的收入对数（用 lnchildincome 表示），自变量为子代的教育（用 childtb4_a16_p 表示）、子代的年龄（用 childcfps_age 表示）、子代的户口（用 childhukou_a16_p 表示）、子代的性别（用 childcfps_gender 表示），分析结果见表 3 – 46。

1. 父代和子代的代际收入弹性

表 3 – 44　　2016 年 CFPS 数据父代收入对数和子代收入
对数的回归分析：计算代际收入弹性

子代收入对数 （lnchildincome）	系数 （Coef.）	标准误 （St. Err）	t 值 （t-value）	p 值 （p-value）	显著性 （Sig.）
父代收入对数 （lnincome）	0.091	0.053	1.720	0.086	*
常数项 （_cons）	9.237	0.522	17.700	0.000	***

续表

因变量均值 （Mean dependent var）	10.130	因变量标准差 （SD dependent var）	1.063
判定系数 （R - squared）	0.006	样本数 （Number of obs）	478.000
F 统计量 （F - test）	2.960	p 值 （Prob > F）	0.086
赤池信息准则 （Akaike crit. （AIC））	1415.018	贝叶斯信息准则 （Bayesian crit. （BIC））	1423.357

注：*** 为 p < 0.01，** 为 p < 0.05，* 为 p < 0.1。

2. 父代的教育投资系数

表 3 - 45　　　　2016 年 CFPS 数据子代的教育与父代

收入的回归：计算父代的教育投资系数

子代教育 （childtb4_a16_p）	系数 （Coef.）	标准误 （St. Err）	t 值 （t-value）	p 值 （p-value）	显著性 （Sig.）
父代收入对数 （lnincome）	0.142	0.072	1.980	0.049	**
常数项 （_cons）	2.588	0.713	3.630	0.000	***
因变量均值 （Mean dependent var）	3.992		因变量标准差 （SD dependent var）	1.455	
判定系数 （R - squared）	0.008		样本数 （Number of obs）	478.000	
F 统计量 （F - test）	3.903		p 值 （Prob > F）	0.049	
赤池信息准则 （Akaike crit. （AIC））	1714.175		贝叶斯信息准则 （Bayesian crit. （BIC））	1722.514	

注：*** 为 p < 0.01，** 为 p < 0.05，* 为 p < 0.1。

3. 子代的教育收益率

表 3 - 46　2016 年 CFPS 数据子代的收入与子代的教育、年龄、

户口和性别回归：教育收益率的估计

子代收入对数 （lnchildincome）	系数 （Coef.）	标准误 （St. Err）	t 值 （t-value）	p 值 （p-value）	显著性 （Sig.）
子代教育 （childtb4_a16_p）	0.116	0.034	3.450	0.001	***
子代年龄 （childcfps_age）	0.058	0.009	6.390	0.000	***
子代性别 （childcfps_gender）	0.266	0.098	2.710	0.007	***
子代户口 （childhukou_a16_p）	− 0.066	0.051	− 1.300	0.196	—
常数项 （_cons）	8.128	0.253	32.090	0.000	***
因变量均值 （Mean dependent var）	10.130	因变量标准差 （SD dependent var）		1.063	
判定系数 （R - squared）	0.131	样本数 （Number of obs）		478.000	
F 统计量 （F - test）	17.875	p 值 （Prob > F）		0.000	
赤池信息准则 （Akaike crit.（AIC））	1356.691	贝叶斯信息准则 （Bayesian crit.（BIC））		1377.539	

注：*** 为 $p < 0.01$，** 为 $p < 0.05$，* 为 $p < 0.1$。

　　2016 年 CFPS 数据表明：通过父代和子代收入对数的回归得到系数为 0.091，表明代际收入弹性为 0.091。通过子代的教育与父代收入对数的回归得到的系数为 0.142，表明父代收入提高后，子代教育水平提高，父代的教育投资系数为 0.142。通过子代的收入对

数和教育水平、年龄的回归后，得到的回归系数为 0.116，表明教育的收益率为 0.116。这样得到的分解率为：父代的教育投资系数×子代的教育收益率/总的代际收入弹性，也就是教育的贡献率为 = 0.116×0.142/0.091 = 18.1%，说明教育的影响程度为 18.1%。

（二）用家庭收入衡量

同样用家庭收入去衡量时，模型的基本原理与前文是相同的，只是将父母一方的收入用家庭收入去替代。第一个回归模型衡量代际收入弹性的回归模型：子代收入对数为因变量（用 lnchildincome 表示），自变量为家庭的收入对数（用 lnfincome 表示），分析结果见表 3 – 47。

第二个回归模型是衡量父代的教育投资系数，因变量为子代的教育水平（用 childtb4_a16_p 衡量），自变量为父代的收入对数（用 lnfincome 衡量），分析结果见表 3 – 48。

第三个回归模型是衡量子代的教育收益率，因变量为子代的收入对数（用 lnchildincome 衡量），自变量为子代的教育（用 childtb4_a16_p 衡量）、子代的年龄（用 childcfps_age 衡量）、子代的户口（用 childhukou_a16_p 衡量）、子代的性别（用 childcfps_gender 衡量），分析结果见表 3 – 49。

1. 父代和子代的代际收入弹性

表 3 – 47　　　2016 年 CFPS 数据父代收入对数和子代收入

对数的回归分析：计算代际收入弹性

子代收入对数 （lnchildincome）	系数 （Coef.）	标准误 （St. Err）	t 值 （t-value）	p 值 （p-value）	显著性 （Sig.）
父代家庭收入对数 （lnfincome）	0.462	0.070	6.560	0.000	***
常数项 （_cons）	4.926	0.795	6.200	0.000	***

续表

因变量均值 （Mean dependent var）	10.130	因变量标准差 （SD dependent var）	1.063
判定系数 （R - squared）	0.083	样本数 （Number of obs）	478.000
F 统计量 （F - test）	43.010	p 值 （Prob > F）	0.000
赤池信息准则 （Akaike crit.（AIC））	1376.632	贝叶斯信息准则 （Bayesian crit.（BIC））	1384.972

注：*** 为 p < 0.01，** 为 p < 0.05，* 为 p < 0.1。

2. 父代的教育投资系数

表 3 - 48　　**2016 年 CFPS 数据子代的教育与家庭收入**

对数的回归：计算家庭的教育投资系数

子代教育 （childtb4_a16_p）	系数 （Coef.）	标准误 （St. Err）	t 值 （t-value）	p 值 （p-value）	显著性 （Sig.）
父代家庭收入对数 （lnfincome）	0.350	0.099	3.520	0.000	***
常数项 （_cons）	0.050	1.122	0.040	0.964	—
因变量均值 （Mean dependent var）	3.992		因变量标准差 （SD dependent var）		1.455
判定系数 （R - squared）	0.025		样本数 （Number of obs）		478.000
F 统计量 （F - test）	12.391		p 值 （Prob > F）		0.000
赤池信息准则 （Akaike crit.（AIC））	1705.795		贝叶斯信息准则 （Bayesian crit.（BIC））		1714.134

注：*** 为 p < 0.01，** 为 p < 0.05，* 为 p < 0.1。

3. 子代的教育收益率

表 3 – 49   2016 年 CFPS 数据子代的收入与子代的教育、年龄、

户口和性别回归：教育收益率的估计

子代收入对数 （lnchildincome）	系数 （Coef.）	标准误 （St. Err）	t 值 （t-value）	p 值 （p-value）	显著性 （Sig.）
子代教育 （childtb4_a16_p）	0.116	0.034	3.450	0.001	***
子代年龄 （childcfps_age）	0.058	0.009	6.390	0.000	***
子代性别 （childcfps_gender）	0.266	0.098	2.710	0.007	***
子代户口 （childhukou_a16_p）	– 0.066	0.051	– 1.300	0.196	——
常数项 （_cons）	8.128	0.253	32.090	0.000	***
因变量均值 （Mean dependent var）	10.130	因变量标准差 （SD dependent var）		1.063	
判定系数 （R – squared）	0.131	样本数 （Number of obs）		478.000	
F 统计量 （F – test）	17.875	p 值 （Prob > F）		0.000	
赤池信息准则 （Akaike crit.（AIC））	1356.691	贝叶斯信息准则 （Bayesian crit.（BIC））		1377.539	

注：*** 为 $p < 0.01$，** 为 $p < 0.05$，* 为 $p < 0.1$。

2016 年 CFPS 数据表明：通过家庭收入和子代收入对数的回归得到的系数为 0.462，表明代际收入弹性为 0.462。通过子代的教育与家庭收入对数的回归得到的系数为 0.350，表明家庭收入提高后，子代教育水平提高，子代的教育投资系数为 0.350。通过子代收入对数和教育水平、年龄的回归后，得到的回归系数为0.116，表明子代的教育收益率为0.116。这样得到的分解率为：父代的家庭教育投资系数×子代的教育收益率/总的代际收入弹性，也就是以家庭收入衡量的教育贡献率为 = 0.116 × 0.350/0.462 = 8.79%，说明家庭中教育的影响程度为8.79%。

（三）布兰登（Blanden）分解法：2015年CHARLS数据

根据前文的基本原理，第一个回归模型是衡量代际收入弹性的回归模型：子代收入为因变量（用cb069表示），自变量为父代的收入对数（用lnga002_w2_2bparent表示），分析结果见表3-50。

第二个回归模型是衡量父代的教育投资系数，因变量为子代的教育水平（用childeducation衡量），自变量为父代的收入对数（用lnincome衡量），分析结果见表3-51。

第三个回归模型是衡量子代的教育收益率，因变量为子代的收入（用cb069衡量），自变量为子代的教育（用childeducation表示）、子代的年龄（用childage表示）、子代的户口（用cb055衡量）、子代的性别（用genderchild衡量），分析结果见表3-52。

1. 父代和子代的代际收入弹性

表3-50　2015年CHARLS数据子代收入与父代收入对数的
有序logistic分析：计算代际收入弹性

子代收入 （cb069）	系数 （Coef.）	标准误 （St. Err）	t值 （t-value）	p值 （p-value）	显著性 （Sig.）
父代收入对数 （lnga002_w2_2bparent）	0.339	0.044	7.650	0.000	***
常数项（_cons）	-1.837	0.553	-3.440	0.001	***
常数项（_cons）	-0.009	0.439	-0.020	0.983	—
常数项（_cons）	0.908	0.428	2.120	0.034	**

续表

子代收入 （cb069）	系数 （Coef.）	标准误 （St. Err）	t 值 （t-value）	p 值 （p-value）	显著性 （Sig.）
常数项（_cons）	2.130	0.427	4.990	0.000	***
常数项（_cons）	3.071	0.431	7.120	0.000	***
常数项（_cons）	4.323	0.439	9.850	0.000	***
常数项（_cons）	5.740	0.449	12.780	0.000	***
常数项（_cons）	6.702	0.464	14.450	0.000	***
常数项（_cons）	7.273	0.481	15.120	0.000	***
常数项（_cons）	8.387	0.553	15.170	0.000	***
因变量均值 （Mean dependent var）	6.575		因变量标准差 （SD dependent var）		1.633
样本数 （Number of obs）	1404.000		卡方值 （Chi-square）		58.502
p 值 （Prob > chi2）	0.000		赤池信息准则 （Akaike crit.（AIC））		5230.004

注：*** 为 $p < 0.01$，** 为 $p < 0.05$，* 为 $p < 0.1$。

2. 父代的教育投资系数

表 3-51　2015 年 CHARLS 数据子代的教育与父代收入对数的
有序 logistic 回归：计算父代的教育投资系数

子代教育 （childeducation）	系数 （Coef.）	标准误 （St. Err）	t 值 （t-value）	p 值 （p-value）	显著性 （Sig.）
父代收入对数 （lnga002_w2_2bparent）	0.409	0.047	8.770	0.000	***
常数项（_cons）	-3.405	1.089	-3.130	0.002	***
常数项（_cons）	-0.249	0.481	-0.520	0.605	—
常数项（_cons）	2.016	0.446	4.520	0.000	***

续表

子代教育 （childeducation）	系数 （Coef.）	标准误 （St. Err）	t 值 （t-value）	p 值 （p-value）	显著性 （Sig.）
常数项（_cons）	3.617	0.453	7.980	0.000	***
常数项（_cons）	4.063	0.456	8.910	0.000	***
常数项（_cons）	4.549	0.459	9.920	0.000	***
常数项（_cons）	5.315	0.463	11.470	0.000	***
常数项（_cons）	7.700	0.494	15.590	0.000	***
因变量均值 （Mean dependent var）	6.489		因变量标准差 （SD dependent var）		1.893
样本数 （Number of obs）	1403.000		卡方值 （Chi – square）		76.983
p 值 （Prob > chi2）	0.000		赤池信息准则 （Akaike crit.（AIC））		5141.991

注：*** 为 p < 0.01，** 为 p < 0.05，* 为 p < 0.1。

3. 子代的教育收益率

表 3 - 52　2015 年 CHARLS 数据子代的收入与子代的教育、

年龄和户口、性别有序 logistic 回归：子代教育收益率的估计

子代收入 （cb069）	系数 （Coef.）	标准误 （St. Err）	t 值 （t-value）	p 值 （p-value）	显著性 （Sig.）
子代教育 （childeducation）	0.294	0.029	10.040	0.000	***
子代年龄 （childage）	0.102	0.015	7.020	0.000	***
子代性别 （genderchild）	0.132	0.101	1.310	0.191	—
子代户口 （cb055）	0.348	0.094	3.690	0.000	***

子代收入 （cb069）	系数 （Coef.）	标准误 （St. Err）	t 值 （t-value）	p 值 （p-value）	显著性 （Sig.）
常数项（_cons）	0.285	0.592	0.480	0.630	—
常数项（_cons）	2.079	0.509	4.080	0.000	***
常数项（_cons）	3.038	0.500	6.080	0.000	***
常数项（_cons）	4.294	0.500	8.590	0.000	***
常数项（_cons）	5.300	0.505	10.500	0.000	***
常数项（_cons）	6.662	0.517	12.890	0.000	***
常数项（_cons）	8.182	0.532	15.380	0.000	***
常数项（_cons）	9.226	0.548	16.840	0.000	***
常数项（_cons）	9.751	0.562	17.340	0.000	***
常数项（_cons）	10.839	0.625	17.350	0.000	***
因变量均值 （Mean dependent var）	6.572		因变量标准差 （SD dependent var）	1.621	
样本数 （Number of obs）	1387.000		卡方值 （Chi-square）	197.489	
p 值 （Prob > chi2）	0.000		赤池信息准则 （Akaike crit.（AIC））	5004.345	

注：*** 为 $p < 0.01$，** 为 $p < 0.05$，* 为 $p < 0.1$。

2015 年 CHARLS 数据表明：通过父代收入对数和子代收入的有序 logistic 回归得到的系数为 0.339，表明代际收入弹性为 0.339。通过子代的教育与父代收入对数的有序 logistic 回归，得到的系数为 0.409，表明父代收入提高后，子代教育水平提高，父代的教育投资系数为 0.409。通过子代的收入和教育水平、年龄的回归后，得到的回归系数为 0.294，表明教育的收益率为 0.294。这样得到的分解率为：父代的教育投资系数×子代的教育收益率/总的代际收入弹性，也就是父代教育的贡献率为 = $0.294 \times 0.409 / 0.339 = 35.47\%$，说明教育的影响程度为 35.47%。

（四）结果的比较

这部分采用布兰登分解方法，首先使用 2014 年 CFPS 数据和 2016 年 CFPS 数据，这两个数据分别采用父代收入和家庭收入两种情形去估计。分析结果总结见表 3 – 53。2015 年 CHARLS 的数据只采用父代收入去衡量。2014 年 CFPS 数据的分析结果为：用父代收入衡量的教育影响程度是 12%，用家庭收入衡量教育的影响程度是 6%；2016 年 CFPS 的数据分析结果为：用父代收入衡量教育的影响程度是 18.1%，用家庭收入衡量教育的影响程度是 8.79%；2015 年 CHARLS 数据的分析结果为：用父代收入衡量教育的影响程度是 35.47%。虽然估计的数据不太相同，但是研究结论是一致的，教育的影响程度不小，说明教育起着非常重要的作用。

表 3 – 53　用布兰登（Blanden）分解法估计教育贡献率的分析结果

模型	2014 年 CFPS 数据	2016 年 CFPS 数据	2015 年 CHARLS 数据
用父母一方的收入衡量	12.00%	18.10%	35.47%
用家庭收入衡量	6.00%	8.79%	—

第四节　本 章 结 论

本章采用 2014 年 CFPS、2016 年 CFPS 的数据和 2015 年 CHARLS 的数据，验证教育的代际流动机制。两个数据库采取相同的处理方式，其中 2014 年 CFPS 数据父代和子代的配对样本是 774 对，2016 年 CFPS 数据父代和子代配对的样本是 478 对。2015 年 CHARLS 数据配对的样本是 1404 对。CFPS 数据中父代的年龄为 35～65 岁，

CHARLS 数据选取 45 岁以上为主访对象，因此父代年龄为 45～65 岁。三个数据的基本特点相同：父代的平均教育水平和收入都低于子代，父代中农业户口比例高于子代；随着时间的变化，收入提高，收入差距扩大，从农村流动到城市的人口增加。这一部分主要采用了中间变量法中的"条件收入弹性"和"布兰登的分解方法"，其中"条件收入弹性"用来判断教育是否是代际流动机制，进一步用"布兰德的分解方法"估计教育的影响程度。

"条件收入弹性"方法的基本原理是：在回归模型中加入教育变量，如果代际收入弹性下降了，说明教育是一个影响因素。2014 年 CFPS 数据分别采用父代收入和家庭收入两种情形去分析，主要原因是以家庭为单位进行人力资本投资更符合经济学的基本假设。每一种情形选择了三个回归方程：基本模型、加入年龄项的方程及加入控制项的方程。每一个模型加入了教育变量后，代际收入弹性都下降了，说明教育是影响机制。2016 年 CFPS 数据同样采用父代的收入和家庭收入两种情形去分析，只不过每一种情形只分析两种方程：基本模型和加入年龄项的方程，得出的结论与前文一致。2015 年 CHARLS 的数据只是采用了父代的收入去衡量，也只分析了基本模型和加入年龄项的方程，结论与前文完全一致。因为每一种情形都是一致的结论，因此后面的数据没有采用和 2014 年 CFPS 同样多的情形。

研究结果也表明用家庭收入去衡量的代际收入弹性为 0.4 左右，与美国等一些代际收入弹性较高的国家相比还是要低一些，但与北欧的一些国家（如瑞士、丹麦）相比，数值已经较高了，说明我国的阶层固化现象已经很明显了。用家庭收入去衡量比用父母一方的收入衡量高很多，也说明一些家庭母亲是不工作的，或者说家庭其他资产性收入发挥了不容小觑的作用。

进一步通过"布兰登分解方法"来计算教育的影响程度。2014

年 CFPS 数据和 2016 年 CFPS 数据这两个数据中分别选用父代收入和家庭收入两种情形去估计，用父代收入计算的影响程度稍微大于用家庭收入计算的数值，总体在 6%～18% 之间。2015 年 CHARLS 数据，只用父代收入一种情形去衡量，得到教育的影响程度为 35% 左右。因为在 CHARLS 数据中，父代的年龄在 45～65 岁之间，更加符合在代际收入弹性由于无法获得一生收入，对于样本年龄的大致要求。综上两种方法可以判断：教育是非常重要的影响机制。

第四章

教育对非认知能力的作用

第一节　西方学者对于教育非认知能力的研究

代际流动性的早期模型认为：父母通过天生禀赋的遗传和投资来影响孩子。收入更高的父母，倾向于对孩子进行更多的人力资本投资。很多研究证实：高收入和低收入家庭的孩子在教育获得和成就上有很大的差距，并且随着教育水平的提高，差距在扩大。越来越多的学者证实，父母并不是直接通过收入和教育去影响孩子的，而是通过一些中间机制，如父母的投资价值和偏好、认知和非认知能力、信念和信息收集水平去发挥作用的。考库特（Caucutt，2015）等的研究比较全面，解释了为什么穷人家的孩子在劳动力市场上表现得不好，主要有四个机制：一是天生禀赋的差异；二是父母在投资价值上的差异，收入高的父母更享受在孩子身上的人力资本投资；三是信息的摩擦，贫穷的父母对于投资的信息掌握得更少，他们可能错误地认为投资在孩子的早期是没有生产力的，或是虽然认识到了投资的重要性，但是不知道哪一种投资是更有生产力的；四是信贷的约束，贫穷的父母没有足够的财力去最优化子女的教育投资。

博斯拉普（Boserup，2016）等通过丹麦30年的数据，发现孩子时期的财富主要源于父母财富的直接转移，而孩子成人后的财富其实是一个生长环境的广义集合，只有顶层财富的直接转移保持性很强，说明财富的代际转换，不是仅仅通过财富的直接转移，更多的是通过孩子早期的父母行为，家庭收入只是扮演了一个间接而有限的角色。

近几年，学者特别关注了母亲在代际传递中的作用。范等（Fan，2015）研究了父亲和母亲的时间投入对于孩子的认知和非认知技能发展的影响，发现妈妈的时间投入收益比爸爸高出2/3，并且妈妈对于男孩的时间投入收益比女孩要高。另外，参加工作的妈妈为孩子提供了一个角色的榜样，会影响到孩子对于他们自己教育的预期收益，妈妈参加工作对于女儿的教育完成有更显著的作用。莱特等（Leight，2016）运用我国甘肃省的数据，证实了母亲的教育水平越低，越拉大了家庭中孩子之间非认知技能水平的差距；母亲的教育水平越高，越补偿了孩子之间非认知技能的差距。研究没有发现父亲起到的作用，说明母亲在孩子的发展和代际转换上扮演着更为重要的角色。

由以上内容可以看出，教育水平高的父母往往对教育的投资更为偏好，他们与老师沟通的更多，或是给孩子读书的时间更多等；收入高的父母更多的是通过购买好的学区房（或通过支付私立学校的学费），获得更好的学校同辈去影响孩子的认知和非认知技能的发展。父母更多的是通过整体的家庭环境，如父母的禀赋、收入、教育、偏好、认知水平、信息程度等去影响孩子。因此，家庭主要是通过父母的社会经济地位（SES）去影响孩子，实质上是一个家庭的环境束，尤其是儿童时期的环境扮演了重要的角色，劣势的家庭环境（如贫困、单亲或是邻居是集中的贫困）有长期的负效应。下面分成两个部分进行分析：第一部分运用成人问卷，分析父母教育的非认知能力对子代收入的影响；第二部分运用少儿问卷，分析父母教育的非认知能力对子代学习成绩的影响。

第二节　父代教育的非认知能力对子代收入的影响

本书采用的资料为：2014 年 CFPS 数据、2016 年 CFPS 数据和 2015 年 CHARLS 数据。衡量代际收入弹性最理想的是用父代和子代终身的收入，但这一数据很难获得。早期的研究多采用一年的收入代表生命周期的收入，会造成研究结果偏低。这里采用了梭伦（Solon，2015）提出的方法，引入父代和子代年龄项，可以尽可能地降低对代际收入弹性的估计偏差。CFPS 数据选取的都是具有成人问卷的个体，通过家庭关系数据库，匹配了家庭中的父亲和孩子、母亲和孩子，进而整理出所有父代和子代的配对数据。CHARLS 数据的特点是：一个家庭以 45 岁的成年人为主访对象，因此可以根据家庭关系匹配父母和子女的信息。为了避免收入的极端值对于分析结果的影响，采用缩尾替代的方法。CHARLS 数据和 CFPS 数据相比，数据特点基本一致，数据的年份大致相同，有利于比较分析。

代际收入弹性通常被用来测度代际收入的流动性，但代际收入弹性的大小不能揭示代际流动的机制。目前国内学者在研究代际流动机制时用得比较多的是中间变量法的"条件收入弹性"和布兰登（Blanden）分解法，本书第三章就采用了这两种方法进行了验证。但这种方法只是表明教育是代际流动机制，起着非常重要的作用。但教育究竟是如何发挥作用的，并没有揭开教育这个"黑匣子"。

根据国外学者的研究，教育并不是直接起作用的，是通过一定的中间机制发挥作用的。例如，教育水平高的父母对孩子的教育投资更有效率创造有利于提升孩子人力资本的家庭环境和氛围。西方学者没有得到父代教育和收入对子代收入的因果关系，很多学者研究了教育的认知能力、非认知能力等所起的作用。其中，认知能力着重强调天生禀赋这些智力的因素，非认知能力更多地强调的是父母的信息搜集能力、将知识转化为行为的能力等。因此，本章研究教育的非认知能力所起的作用，采用管理学里常用的结构方程方法分析代际流动机制，还可以看出因变量之间的相互作用关系，并着重在整个影响机制的框架中去分析教育的非认知能力所起的作用。

一、结构方程模型和分析结果：2014 年 CFPS 数据

模型的基本假设是父代通过三个机制去影响子代的收入：第一，父代的收入会影响孩子的教育水平，收入高的父亲，投资在孩子身上的教育水平也会高一些，同样父代的家庭收入和家庭净资产也会影响孩子的教育投资；第二，父代的教育水平会影响孩子的教育投资，主要是通过父代的非认知水平，教育水平高的父母，会更为有效地投资孩子的教育，方式更为准确；第三，父代会通过自身的工作积累的社会资本去影响孩子的工作，帮助孩子找到更好的工作，从而提高孩子的收入。

构建模型的基本思路是：父代的教育水平（tb4_a14_p）、工作经验、性别（tb2_a_p）和职位（qq303code）决定了父代的收入，其中工作经验用年龄（cfps2014_age）来代替，父代的收入用收入对数（lnincome）来衡量；同样子代的教育水平（childtb4_a14_p）、子代的年龄（childcfps2014_age）、子代的性别（childtb2_a_p）和工作职位（childqq303code）决定了子代的收入（childlnincome）。父

代的收入会影响父代的家庭收入（lnfincome），进而影响家庭的净资产（lntotal_asset）。构建的模型和分析结果见图4-1。

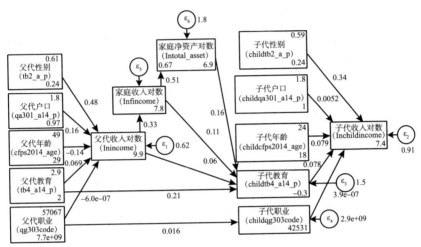

图4-1　父代影响子代收入的结构方程模型和分析结果（2014年CFPS数据）

　　详细的分析结果见表4-1，配对的数据为720对。从分析结果可以看出：父代教育通过非认知能力去影响子代教育的相关系数为0.21；父代的职业影响子代职业的系数为0.016；父代收入影响子代教育水平的系数是0.06，家庭收入影响子代教育水平的系数是0.11，家庭净资产影响子代教育水平的系数是0.16。此外，父代的教育水平、户口和性别对父代收入有显著的影响，性别对收入的影响是很大的，其次是户口和教育水平，从整体人群来看，性别和户口的影响较大，从个体来看，教育水平的作用应该更大一些，而年龄的作用是负的，可能是数据中父代的年龄偏大，年龄越大，收入反而会减少；对于子代而言，性别、年龄和教育水平对子代的收入都有显著的影响，性别的影响最大、其次是教育水平和年龄，年龄的影响是正的，职业对子代的影响不够显著。父代教育水平对子代教育水平的影响是比较显著的，说明父代的教育水平会影响父代的非认知能力，提高对子女教育投资的效率，进而影响孩子的收入水平。这就意味着父代收入对于子女收入除有直接影响外，还通过子女人力资本投资影响子女收入。此外，还发现父代会通过家庭的净资产对子代的教育投资产生影响，从而影响子代的收入；而父代通过自己的职业对子代的职业产生很小的影响，结果并不显著。可以验证的是，父代影响子代收入的机制有两个：一是父母的非认知能力对子代教育投资的影响；二是家庭的资产对子代教育投资的影响。

表 4－1　　父代影响子代收入的结构方程分析结果（2014 年 CFPS 数据）

（54 observations with missing values excluded）
Endogenous variables
Observed：lnincome childtb4_a14_p lnfincome childqg303code lnchildincome lntotal_asset
　　　　　Exogenous variables
Observed：tb2_a_p qa301_a14_p cfps2014_age tb4_a14_p qg303code childtb2_a_p
　　　　　childqa301_a14_p childcfps2014_age
Fitting target model：
Iteration 0：log likelihood = － 31085. 761
Iteration 1：log likelihood = － 31085. 761
Structural equation model　　　　　　　Number of obs = 720
Estimation method = ml
Log likelihood = － 31085. 761

子代收入对数 （lnchildincome）	系数 （Coef.）	OIM 标准误 （OIM Std. Err.）	z 值 （z）	P > z 值 （P > z）	95% 置信 区间下限 （95% Conf.）	上限 （Interval）
结构 （Structural）						
父代收入对数 （lnincome < － ）						
父代性别 （tb2_a_p）	0. 4815141	0. 0616268	7. 81	0. 000	0. 3607279	0. 6023004
父代户口 （qa301_a14_p）	0. 1589827	0. 0321986	4. 94	0. 000	0. 0958746	0. 2220908

续表

子代收入对数 （lnchildincome）	系数 （Coef.）	OIM 标准误 （OIM Std. Err.）	z 值 （z）	P > z 值 （P > z）	95% 置信 区间下限 （95% Conf.）	上限 （Interval）
父代年龄 （cfps2014_age）	− 0.0144727	0.0057648	− 2.51	0.012	− 0.0257715	− 0.003174
父代教育 （tb4_a14_p）	0.0693842	0.0219512	3.16	0.002	0.0263606	0.1124079
父代职业 （qg303code）	− 5.98e − 07	3.34e − 07	− 1.79	0.074	− 1.25e − 06	5.74e − 08
常数项 （_cons）	9.881432	0.2706698	36.51	0.000	9.350929	10.41194
子代教育 （childtb4_a ~ p < −）						
父代收入 （lnincome）	0.0598053	0.0583417	1.03	0.305	− 0.0545423	0.1741528
父代家庭收入对数 （lnfincome）	0.1084826	0.0579381	1.87	0.061	− 0.005074	0.2220391
父代家庭净资产对数 （lntotal_asset）	0.1605236	0.0343333	4.68	0.000	0.0932315	0.2278157
父代教育 （tb4_a14_p）	0.2107361	0.0332516	6.34	0.000	0.1455641	0.2759081
常数项（_cons）	− 0.3008557	0.7192677	− 0.42	0.676	− 1.710594	1.108883
父代家庭收入对数 （lnfincome < −）						
父代收入对数 （lnincome）	0.3338633	0.0362464	9.21	0.000	0.2628217	0.4049048
常数项 （_cons）	7.76163	0.3604132	21.54	0.000	7.055233	8.468027
子代职业 （childqg303 ~ e < −）						

续表

子代收入对数 （lnchildincome）	系数 （Coef.）	OIM 标准误 （OIM Std. Err.）	z 值 （z）	P > z 值 （P > z）	95% 置信 区间下限 （95% Conf.）	上限 （Interval）
父代职业 （qg303code）	0.0163668	0.0227039	0.72	0.471	−0.0281319	0.0608655
常数项 （_cons）	42530.53	2378.62	17.88	0.000	37868.52	47192.54
子代收入对数 （lnchildinc ~ e < −）						
子代教育 （childtb4_a14_p）	0.0777203	0.031093	2.50	0.012	0.016779	0.1386615
子代职业 （childqg303code）	3.86e−07	6.82e−07	0.57	0.572	−9.50e−07	1.72e−06
子代性别 （childtb2_a_p）	0.335471	0.0742986	4.52	0.000	0.1898484	0.4810936
子代户口 （childqa301_a1 ~ p）	0.005212	0.03973	0.13	0.896	−0.0726574	0.0830814
子代年龄 （childcfps2014 ~ e）	0.0788273	0.0086269	9.14	0.000	0.0619188	0.0957358
常数项 （_cons）	7.435655	0.2242592	33.16	0.000	6.996115	7.875195
父代家庭净资产对数 （lntotal_as ~ t < −）						
父代家庭收入对数 （lnfincome）	0.5054601	0.0582507	8.68	0.000	0.3912908	0.6196294
常数项 （_cons）	6.899631	0.6467727	10.67	0.000	5.63198	8.167282
方差（父代收入对数） （var(e. lnincome)）	0.6191159	0.0326303	—	—	0.5583541	0.68649
方差（子代教育） var(e. childtb4_ ~ p）	1.503668	0.0792503	—	—	1.356094	1.667302

续表

子代收入对数 （lnchildincome）	系数 （Coef.）	OIM 标准误 （OIM Std. Err.）	z 值 （z）	P > z 值 （P > z）	95% 置信 区间下限 （95% Conf.）	上限 （Interval）
方差 （父代家庭收入对数） （var（e. lnfincome））	0.6704511	0.0353359	—	—	0.6046511	0.7434116
方差（子代职业） （var（e. child ~3code））	2.86e + 09	1.51e + 08	—	—	2.58e + 09	3.18e + 09
方差（子代收入对数） （var（e. lnchildin ~ e））	0.9085612	0.0478854	—	—	0.8193924	1.007434
方差 （家庭净资产对数） （var（e. lntotal_a ~ t））	1.830965	0.0965003	—	—	1.651269	2.030216

Note：The LR test of model vs. saturated is not reported because the fitted model is not full rank.

二、结构方程模型和分析结果：2016 年 CFPS 数据

2016 年 CFPS 数据构建模型的基本假设和思路与 2014 年是相同的：父代的教育水平（tb4_a16_p）、工作经验、性别（cfps_gender）、户口（hukou_a16_p）和职位（qq303code）决定了父代的收入，其中工作经验用年龄（cfps_age）来代替，父代的收入用收入对数（lnincome）来衡量；同样子代的教育水平（childtb4_a16_p）、子代的年龄（childcfps_age）、子代的性别（child_gengder）、子代的户口（childhukou_a16_p）和工作职位（childqq303code）决定了子代的收入（childincome）。父代的收入会影响父代的家庭收入（lnfincome），进而影响家庭的净资产（lntotal_asset）。构建的模型和分析结果见图 4 - 2。

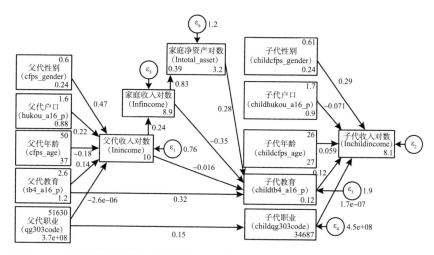

图 4 - 2　父代影响子代收入的结构方程模型和分析结果（2016 年 CFPS 数据）

详细的分析结果见表 4 - 2，2016 年 CFPS 数据配对的数据为 452 对。从分析结果可以看出：父代教育通过非认知能力去影响子代教育的相关系数为 0. 32；父代的职业影响子代职业的系数为 0. 15；父代收入影响子代教育水平的系数是负的，家庭收入影响子代教育水平的系数也是负的，家庭净资产影响子代教育水平的系数是 0. 28。此外，父代的教育水平、年龄和性别对父代收入有显著的影响，性别对收入的影响是很大的，其次是教育水平和年龄，从整体人群来看，性别和教育水平的影响较大，从个体来看，教育水平的作用应该更大一些，而年龄的作用是负的，可能是数据中父代的年龄偏大，说明年龄过大，反而收入下降；对于子代而言，性别、年龄和教育水平对子代的收入都有显著的影响，性别的影响最大，其次是教育水平和年龄，年龄的影响是正的，职业对子代的影响不够显著。父代教育水平对子代教育水平的影响是比较显著的，说明父代的教育水平会影响父代的非认知能力，提高对子女教育投资的效率，进而影响孩子的收入水平。这就意味着父代收入对于子女收

127

入除有直接影响外，还通过子女人力资本投资影响子女收入。此外，还发现父代会通过家庭的净资产对子代的教育投资产生影响，从而影响子代的收入；而父代通过自己的职业对子代的职业产生一定的影响，结果显著。

可以验证的是，父代影响子代收入的机制有三个：一是父母的非认知能力对子代教育投资的影响；二是家庭的资产对子代教育投资的影响；三是父母通过职业中的人际网络资本影响子女的工作职位，进而影响子女的收入。与 2014 年 CFPS 数据相比，前两个机制的作用更为明显，并且还验证了三个机制的作用。说明随着时间的变化，整体的代际流动性是减弱的，三个影响机制的作用都在增强。

表 4 - 2　　父代影响子代收入的结构方程分析结果（2016 年 CFPS 数据）

（26 observations with missing values excluded）
Endogenous variables
Observed：lnincome childtb4_a16_p lnfincome childqg303code lnchildincome lntotal_asset
　　　　　Exogenous variables
Observed：cfps_gender hukou_a16_p cfps_age tb4_a16_p qg303code childcfps_gender
　　　　　childhukou_a16_p childcfps_age
Fitting target model：
Iteration 0：log likelihood = - 18231. 425
Iteration 1：log likelihood = - 18231. 425（backed up）
Structural equation model　　　　　　　　　Number of obs = 452
Estimation method = ml
Log likelihood = - 18231. 425

子代收入对数 （lnchildincome）	系数 （Coef.）	OIM 标准误 （OIM Std. Err.）	z 值 （z）	P > z 值 （P > z）	95% 置信区间下限 （95% Conf.）	上限 （Interval）
结构 （Structural）						
父代收入对数 （lnincome < - ）						
父代性别 （cfps_gender）	0. 4664894	0. 0884557	5. 27	0. 000	0. 2931195	0. 6398593

续表

子代收入对数 （lnchildincome）	系数 （Coef.）	OIM 标准误 （OIM Std. Err.）	z 值 （z）	P＞z 值 （P＞z）	95％置信 区间下限 （95％Conf.）	上限 （Interval）
父代户口 （hukou_a16_p）	0.0218512	0.0495243	0.44	0.659	－0.0752147	0.118917
父代年龄 （cfps_age）	－0.0178595	0.0070058	－2.55	0.011	－0.0315907	－0.0041284
父代教育 （tb4_a16_p）	0.1362172	0.0412189	3.30	0.001	0.0554296	0.2170047
父代职业 （qg303code）	－2.56e－06	2.22e－06	－1.15	0.249	－6.92e－06	1.79e－06
常数项 （_cons）	10.24003	0.3847331	26.62	0.000	9.485968	10.99409
子代教育 （childtb4_a～p＜－）						
父代收入对数 （lnincome）	－0.0015709	0.0744742	－0.02	0.983	－0.1475377	0.1443959
父代家庭收入对数 （lnfincome）	－0.0352576	0.1149801	－0.31	0.759	－0.2606145	0.1900993
父代家庭净资产对数 （lntotal_asset）	0.277007	0.0593037	4.67	0.000	0.1607739	0.3932401
父代教育 （tb4_a16_p）	0.3209575	0.0599272	5.36	0.000	0.2035024	0.4384125
常数项 （_cons）	0.1209788	1.172793	0.10	0.918	－2.177653	2.41961
父代家庭收入对数 （lnfincome＜－）						
父代收入对数 （lnincome）	0.237269	0.0317648	7.47	0.000	0.1750111	0.2995268
常数项 （_cons）	8.923002	0.3149536	28.33	0.000	8.305704	9.540299

续表

子代收入对数 （lnchildincome）	系数 （Coef.）	OIM 标准误 （OIM Std. Err.）	z 值 （z）	P > z 值 （P > z）	95% 置信 区间下限 （95% Conf.）	上限 （Interval）
子代职业 （childqg303 ~ e < - ）						
父代职业 （qg303code）	0.1450793	0.0515767	2.81	0.005	0.0439909	0.2461677
常数项 （_cons）	34686.96	2842.717	12.20	0.000	29115.33	40258.58
子代收入对数 （lnchildinc ~ e < - ）						
子代教育 （childtb4_a16_p）	0.1221547	0.0376601	3.24	0.001	0.0483423	0.1959671
父代职业 （childqg303code）	- 1.71e - 07	2.51e - 06	- 0.07	0.946	- 5.09e - 06	4.75e - 06
子代性别 （childcfps_gen ~ r）	0.2949751	0.1033331	2.85	0.004	0.0924459	0.4975043
子代户口 （childhukou_al ~ p）	- 0.0711527	0.0526189	- 1.35	0.176	- 0.1742838	0.0319784
子代年龄 （childcfps_age）	0.0593889	0.0093853	6.33	0.000	0.0409941	0.0777838
常数项 （_cons）	8.054051	0.3092751	26.04	0.000	7.447883	8.660219
父代家庭净资产对数 （lntotal_as ~ t < - ）						
父代家庭收入对数 （lnfincome）	0.8303483	0.0771867	10.76	0.000	0.6790653	0.9816314
常数项 （_cons）	3.212762	0.8710267	3.69	0.000	1.505581	4.919943
方差（父代收入对数） （var（e. lnincome））	0.7630508	0.0507574	—	—	0.6697803	0.8693097

续表

子代收入对数 （lnchildincome）	系数 （Coef.）	OIM 标准误 （OIM Std. Err.）	z 值 （z）	P > z 值 （P > z）	95% 置信区间下限 （95% Conf.）	上限 （Interval）
方差（子代教育） var(e. childtb4_~p)	1.850643	0.1231029	—	—	1.624432	2.108355
方差（家庭收入对数） （var(e. lnfincome)）	0.3873561	0.0257665	—	—	0.3400082	0.4412975
方差（子代职业） （var(e. child ~3code)）	4.47e + 08	2.98e + 07	—	—	3.93e + 08	5.10e + 08
方差（子代收入对数） （var(e. lnchildin ~e)）	1.003826	0.0667735	—	—	0.8811249	1.143615
方差 （家庭净资产对数） （var(e. lntotal_a ~t)）	1.171879	0.0779522	—	—	1.028636	1.335069

Note：The LR test of model vs. saturated is not reported because the fitted model is not full rank.

三、结构方程模型和分析结果：2015 年 CHARLS 数据

CHARLS 数据模型构建的思路与前文是一致的：父代的教育水平（Educationfather）、年龄（fatherage）、性别（genderparent）、户口（bc002_w3_1father）和工作的职位（fd013）决定了父代的收入（lnga002_w2_2bfather）；子代的教育水平（cb052_w3）、子代的年龄（childage）、子代的性别（gender）和子代户口（cb055）决定了子代的收入（cb069）。其中，父代的收入会影响子代的教育水平，主要是收入高的父母，投资在子代身上的教育水平也高一些；父代的教育水平也会影响子代的教育投资，主要是通过父代的非认知水平；由于这个数据库缺少子代职位的信息，所以没有衡量父代通过职位对子代职业的影响。构建的模型和分析结果见图 4 - 3，详细的

分析结果见表4－3。

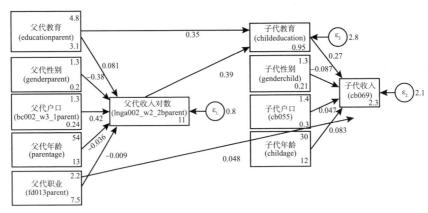

图4－3　父代影响子代收入的结构方程模型和分析结果

（2015年CHARLS数据）

2015年CHARLS数据配对的数据为655对。这里有两个的中介变量：一个是非认知能力、一个是社会关系。从分析结果可以看出，父代教育通过非认知能力去影响子代教育的相关系数为0.35，比用CFPS数据分析的影响程度要大，父代收入影响子代教育水平的相关系数是0.31，也比CFPS数据分析的结果要大。此外，父代的教育水平、年龄、户口和职业都对父代的收入有显著性影响，户口和教育水平的影响是正的，相对而言户口的影响更大一些，性别、年龄和职位的影响是负的，对父代收入影响按照系数来看，依次为性别、户口、教育水平、年龄和职位，年龄的作用是负的，可能是数据中父代的年龄偏大；而子代的教育水平对子代收入的影响非常大，年龄的影响相对会小一些，父代的职位、户口和性别的影响是不显著的。工作这一特征传递的系数要比教育小很多。再次说明，父代收入通过就业特征这一传导途径对子代收入的影响非常之小，教育是主要的传导途径。

表 4 - 3　父代影响子代收入的结构方程分析结果（2015 年 CHARLS 数据）

（749 observations with missing values excluded）

Endogenous variables

Observed：lnga002_w2_2bparent childeducation cb069

　　　　Exogenous variables

Observed：educationparent genderparent bc002_w3_1parent parentage fd013parent

　　　　genderchild cb055 childage

Fitting target model：

Iteration 0：log likelihood = - 11041. 637

Iteration 1：log likelihood = - 11041. 637

Structural equation model　　　　　　Number of obs = 655

Estimation method = ml

Log likelihood = - 11041. 637

子代收入 （cb069）	系数 （Coef.）	OIM 标准误 （OIM Std. Err.）	z 值 （z）	P > z 值 （P > z）	95% 置信区间下限 （95% Conf.）	上限 （Interval）
结构 （Structural）						
父代收入对数 （lnga002_w2 ~ t < - ）						
父代教育 （educationparent）	0. 080711	0. 022757	3. 55	0. 000	0. 0361081	0. 1253139
父代性别 （genderparent）	- 0. 376464	0. 0828122	- 4. 55	0. 000	- 0. 5387729	- 0. 2141551
父代户口 （bc002_w3_1par ~ t）	0. 4182225	0. 0791331	5. 29	0. 000	0. 2631245	0. 5733205
父代年龄 （parentage）	- 0. 0355852	0. 0101544	- 3. 50	0. 000	- 0. 0554874	- 0. 015683
父代职业 （fd013parent）	- 0. 008976	0. 0128372	- 0. 70	0. 484	- 0. 0341364	0. 0161844
常数项 （_cons）	11. 23488	0. 6086044	18. 46	0. 000	10. 04204	12. 42773
子代教育 （childeduca ~ n < - ）						

续表

子代收入 （cb069）	系数 （Coef.）	OIM 标准误 （OIM Std. Err.）	z 值 （z）	P > z 值 （P > z）	95% 置信 区间下限 （95% Conf.）	上限 （Interval）
父代收入对数 （lnga002_w2_2b ~ t）	0.3947153	0.0707093	5.58	0.000	0.2561275	0.5333031
父代教育 （educationparent）	0.3536875	0.0385294	9.18	0.000	0.2781713	0.4292037
常数项 （_cons）	0.9541894	0.6636966	1.44	0.151	−0.346632	2.255011
子代收入 （cb069 < −）						
子代教育 （childeducation）	0.2704415	0.0350262	7.72	0.000	0.2017915	0.3390916
父代职业 （fd013parent）	0.0475445	0.0206627	2.30	0.021	0.0070463	0.0880426
子代性别 （genderchild）	−0.0866089	0.1229152	−0.70	0.481	−0.3275182	0.1543004
子代户口 （cb055）	0.0465479	0.116724	0.40	0.690	−0.182227	0.2753227
子代年龄 （childage）	0.0829988	0.0166541	4.98	0.000	0.0503574	0.1156401
常数项 （_cons）	2.328447	0.5984766	3.89	0.000	1.155454	3.501439
方差（父代收入对数） （var(e. lnga002_w ~ t)）	0.8003763	0.0442271			0.7182219	0.8919281
方差（子代教育） （var(e. childeduc ~ n)）	2.812148	0.1553934			2.523496	3.133818
方差（子代收入） （var(e. cb069)）	2.08349	0.1151293			1.869631	2.321812

Note：LR test of model vs. saturated：chi2（15）= 147.82，Prob > chi2 = 0.0000.

通过三个数据的验证，代际流动机制包括三个方面：第一是通过净资产（或家庭收入）提高子代人力资本投资，从而提高子代的收入；第二是教育的非认知能力，通过父代的教育水平产生作用的，往往父代教育水平较高，会有更高的非认知能力，知道如何进行教育投资是最有效率的，在家中也可以通过有效的时间投资去提高子代的人力资本水平；第三是社会资本，即父代通过影响子代的工作选择去影响子代的收入。社会资本多半是通过父代的社会网络，可以帮助子代找到条件更好的工作，从而提高子代的收入水平，这方面的作用在验证过程中，由于数据的来源不是很贴切，因此得出的影响效果也比较小。从这个影响机制的框架中，可以看出非认知能力发挥着不可忽视的作用。

第三节　父代教育的非认知能力对子代学习成绩的影响

对于认知能力和非认知能力的定义并不是很统一，这里采用百度文库的定义，比较偏重于大众化的理解。认知能力（cognitive abilities，cognitive ability）是指：人脑加工、储存和提取信息的能力，即人们对事物的构成、性能与他物的关系、发展的动力、发展方向及基本规律的把握能力。它是人们成功完成活动最重要的心理条件。知觉、记忆、注意、思维和想象的能力都被认为是认知能力。认知能力很多时候等价于智商（IQ）。但是现代心理学认为，认知能力具有不同的维度，如语言、数学、逻辑、推理、想象、解决问题的能力等，虽然这些不同的能力之间相关性很高，但是并不能简单地用一个指数来衡量——而智商恰恰就是希望用一个数字衡量人能力的大小。因此，智商这个概念已经稍显过时。

非认知能力依赖于我们思维方式、感觉和行为。人们也经常用情商（EQ）来描述非认知能力，但事实上非认知能力包含的具体内容相较于认知能力要更为复杂，因此也很难用一个指数来衡量非认知能力。一般认为非认知能力应该包括性格（personality）、态度（attitudes）和积极性（motivation）这三个方面的因素，而五大性格特征（big Five personality traits）是目前最常用的非认知能力测试体系。与认知能力不同的是，非认知测试时没有绝对的"对"或"错"。差别只在于具有不同非认知能力的人适合的工作和生活不同，所以是一种"软"能力。

赫克曼（Heckman，2006）及其合作者在其对认知能力与非认知能力对劳动收入的研究中发现，在教育程度等个人条件相同的条件下，平均而言认知能力可以解释9%的收入差异，非认知能力的解释能力虽然稍逊一筹，但是在高收入阶层中，非认知能力对收入的解释能力和认知能力不相上下，甚至更强。换句话说，在同样教育程度，认知能力高，收入水平高；同样教育程度、同样认知能力的情况下，具有更强非认知能力的人收入更高，在高收入人群中，尤其如此。结合大脑皮层的发育过程，赫克曼教授认为在发育早期对孩子教育投资的回报率远高于后期。基于赫克曼教授的研究，已经在美国乃至全世界掀起了一股加强儿童早期教育的潮流，多个国家的政府和研究人员都在研究制定儿童早期教育的路线图。

由于只有 CFPS 数据有少儿数据，因此这里只用 CFPS 数据进行分析。构建模型的基本思路与前文很相似，只是少儿没有参加工作，没有收入的数据，只能用学习成绩去衡量，因为我们假设学习成绩高，未来会获得很好的工作，取得较高的收入。这里采用 2014 年 CFPS 数据和 2016 年 CFPS 数据进行分析。

一、结构方程模型和分析结果：2014 年 CFPS 数据

　　模型的基本思路为：父代的教育水平（tb4_a14_p）、工作经验、性别（tb2_a_p）和职位（qq303code）决定了父代的收入，其中工作经验用年龄（cfps2014_age）来代替，父代的收入用收入对数（lnincome）来衡量。父代的收入会影响家庭的教育投入（lnchildwd5total），进而影响孩子的学习成绩（performance）。我们假设孩子的学习成绩受三个方面的影响：一是父母的非认知能力对教育投资的影响；二是父母的教育投入；三是学区和学校的质量。其中，非认知能力的影响路径是：父母的教育水平影响父母的非认知能力，然后非认知能力影响父母的教育投资效率，其中非认知能力由五个因素衡量：教育行为（childwf6）、情绪行为（childwm2）、家庭关系（childwn）、学习习惯（childwf8）、读书的数量（readbook）。读书的数量是用过去 12 个月总阅读量来衡量；教育行为是用过去 12 个月对孩子学习和生活的关怀来衡量，具体包括：放弃看电视的频率、和孩子讨论学校的事、要求孩子完成作业、检查孩子完成作业、阻止孩子看电视、限制孩子看的节目；情绪行为是用家长对待孩子的行为来衡量，具体包括：家长问清原因、家长鼓励你努力去做、家长跟你说话很和气、家长鼓励你独立思考、家长跟你讲原因、家长喜欢跟你说话、家长问你学校的情况、家长检查你的作业、家长辅导你的功课、家长给你讲故事、家长和你一起玩乐、家长表扬、家长批评你、家长参与家长会；家庭关系具体衡量的问题为：过去 1 个月与父母争吵的次数、与父母谈心的次数、过去 1 个月父母争吵的次数；学习习惯的衡量问题为：孩子学习很努力、孩子完成作业后会检查、孩子完成作业后才玩、孩子做事时注意力集中、孩子遵规守纪、一旦开始就必须完成、孩子喜

欢把物品摆放整齐。

CFPS 数据少儿问卷中有两种方法衡量孩子的学习成绩：一个是用孩子语文和数学的成绩；另一个是用在班级的排名。我们按照这两种方法分别构建结构方程的模型，用孩子的数学和语文成绩的平均成绩去衡量学习成绩的模型见图 4-4，具体分析结果见表 4-4；用孩子在班级的排名去衡量学习成绩的模型见图 4-5，具体分析结果见表 4-5。

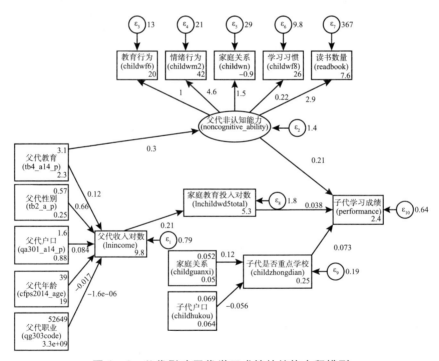

图 4-4 父代影响子代学习成绩的结构方程模型
（用数学和语文的平均成绩衡量）：2014 年 CFPS 数据

表 4 − 4　　　父代影响子代学习成绩的结构方程分析结果

（用数学和语文的平均成绩衡量）：2014 年 CFPS 数据

（1883 observations with missing values excluded）
Endogenous variables
Observed：lnincome lnchildwd5 total performance childzhongdian
Measurement：childwf6 childwm2 childwn childwf8 readbook
Latent：noncognitive_ability
　　　Exogenous variables
Observed：tb4_a14_p tb2_a_p qa301_a14_p cfps2014_age qg303code childguanxi childhukou
Fitting target model：
Iteration 0：log likelihood = − 23920. 283（not concave）
Iteration 1：log likelihood = − 23681. 25
Iteration 2：log likelihood = − 23666. 298（not concave）
Iteration 3：log likelihood = − 23652. 154
Iteration 4：log likelihood = − 23644. 504
Iteration 5：log likelihood = − 23641. 682
Iteration 6：log likelihood = − 23641. 651
Iteration 7：log likelihood = − 23641. 651
Structural equation model　　　　　　　　Number of obs = 592
Estimation method = ml
Log likelihood = − 23641. 651
（1）［childwf6］noncognitive_ability = 1

子代学习成绩 （performance）	系数 （Coef.）	OIM 标准误 （OIM Std. Err.）	z 值 （z）	P > z 值 （P > z）	95% 置信 区间下限 （95% Conf.）	上限 （Interval）
结构 （Structural）						
父代收入对数 （lnincome < − ）						
父代教育 （tb4_a14_p）	0. 1160019	0. 0268595	4. 32	0. 000	0. 0633583	0. 1686456
父代性别 （tb2_a_p）	0. 6559086	0. 0753367	8. 71	0. 000	0. 5082514	0. 8035657
父代户口 （qa301_a14_p）	0. 0838878	0. 0430822	1. 95	0. 052	− 0. 0005519	0. 1683274
父代年龄 （cfps2014_age）	− 0. 0168754	0. 0085597	− 1. 97	0. 049	− 0. 033652	− 0. 0000987
父代职业 （qg303code）	− 1. 60e − 06	6. 51e − 07	− 2. 45	0. 014	− 2. 87e − 06	− 3. 20e − 07

续表

子代学习成绩 （performance）	系数 （Coef.）	OIM 标准误 （OIM Std. Err.）	z 值 （z）	P > z 值 （P > z）	95% 置信 区间下限 （95% Conf.）	上限 （Interval）
常数项 （_cons）	9.772969	0.3435312	28.45	0.000	9.09966	10.44628
家庭教育投入对数 （lnchildwd5 ~ l < –）						
父代收入对数 （lnincome）	0.2057822	0.0561404	3.67	0.000	0.0957491	0.3158154
常数项 （_cons）	5.301448	0.5586533	9.49	0.000	4.206508	6.396389
子代学习成绩 （performance < –）						
家庭教育投入对数 （lnchildwd5total）	0.0375419	0.026007	1.44	0.149	– 0.0134308	0.0885146
子代是否重点学校 （childzhongdian）	0.072661	0.0780219	0.93	0.352	– 0.080259	0.2255811
父代非认知能力 （noncognitive_ ~ y）	0.2052487	0.045816	4.48	0.000	0.1154509	0.2950465
常数项 （_cons）	2.432126	0.1878654	12.95	0.000	2.063917	2.800336
子代是否重点学校 （childzhong ~ n < –）						
家庭关系 （childguanxi）	0.1164543	0.081521	1.43	0.153	– 0.0433238	0.2762325
子代户口 （childhukou）	– 0.0560628	0.071526	– 0.78	0.433	– 0.1962511	0.0841256
常数项 （_cons）	0.2528522	0.0188432	13.42	0.000	0.2159201	0.2897842
父代非认知能力 （noncogniti ~ y < –）						
父代教育 （tb4_a14_p）	0.3014504	0.0647422	4.66	0.000	0.174558	0.4283428

续表

子代学习成绩 （performance）	系数 （Coef.）	OIM 标准误 （OIM Std. Err.）	z 值 （z）	P > z 值 （P > z）	95% 置信 区间下限 （95% Conf.）	上限 （Interval）
测量 （Measurement）						
教育行为 （childwf6 < - ）						
父代非认知能力 　（noncognitive_ ~ y）	—	—	1	—	（constrained）	—
常数项 　　（_cons）	20.11846	0.2559558	78.60	0.000	19.61679	20.62012
情绪行为 （childwm2 < - ）						
父代非认知能力 　（noncognitive_ ~ y）	4.574859	0.9093901	5.03	0.000	2.792488	6.357231
常数项 　　（_cons）	42.1401	0.664185	63.45	0.000	40.83833	43.44188
家庭关系 （childwn < - ）						
父代非认知能力 　（noncognitive_ ~ y）	1.534912	0.3143458	4.88	0.000	0.918806	2.151019
常数项 　　（_cons）	- 0.9007121	0.3635205	- 2.48	0.013	- 1.613199	- 0.1882251
学习习惯 （childwf8 < - ）						
父代非认知能力 　（noncognitive_ ~ y）	0.2181062	0.1293799	1.69	0.092	- 0.0354737	0.471686
常数项 　　（_cons）	25.99959	0.1779268	146.13	0.000	25.65086	26.34832
读书数量 （readbook < - ）						
父代非认知能力 　（noncognitive_ ~ y）	2.905596	0.8817227	3.30	0.001	1.177452	4.633741

续表

子代学习成绩（performance）	系数（Coef.）	OIM 标准误（OIM Std. Err.）	z 值（z）	P > z 值（P > z）	95% 置信区间下限（95% Conf.）	上限（Interval）
常数项（_cons）	7.60785	1.186948	6.41	0.000	5.281474	9.934226
方差（父代收入对数）（var(e. lnincome)）	0.7883252	0.0458205	—	—	0.7034453	0.883447
方差（家庭教育投入对数）（var(e. lnchildwd ~1)）	1.764791	0.1025764	—	—	1.574773	1.977736
方差（教育行为）（var(e. childwf6)）	13.33617	0.8365699	—	—	11.79332	15.08088
方差（情绪行为）（var(e. childwm2)）	20.76302	5.316373	—	—	12.57015	34.29579
方差（家庭关系）（var(e. childwn)）	28.70504	1.78868	—	—	25.40491	32.43385
方差（学习习惯）（var(e. childwf8)）	9.7934	0.5716262	—	—	8.734743	10.98037
方差（读书数量）（var(e. readbook)）	366.6234	21.78632	—	—	326.3159	411.9099
方差（学习成绩）var(e. performance)	0.6414465	0.0408793	—	—	0.5661264	0.7267875
方差（重点学校）（var(e. childzhon ~n)）	0.1892616	0.0110006	—	—	0.1688836	0.2120985
方差（父代非认知能力）（var(e. noncognit ~y)）	1.372206	0.4304536	—	—	0.7419964	2.537678

Note：The LR test of model vs. saturated is not reported because the fitted model is not full rank.

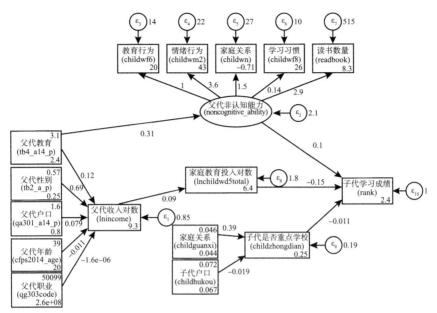

图 4 - 5　父代影响子代学习成绩的结构方程模型

（用班级排名衡量）：2014 年 CFPS 数据

表 4 - 5　父代影响子代学习成绩的结构方程分析结果

（用班级排名衡量）：2014 年 CFPS 数据

（2129 observations with missing values excluded）

Endogenous variables

Observed：lnincome lnchildwd5total rank childzhongdian

Measurement：childwf6 childwm2 childwn childwf8 readbook

Latent：noncognitive_ability

　　　　Exogenous variables

Observed：tb4_a14_p tb2_a_p qa301_a14_p cfps2014_age qg303code childguanxi childhukou

Fitting target model：

Iteration 0：log likelihood = - 13610. 184 （not concave）

Iteration 1：log likelihood = - 13493. 031

Iteration 2：log likelihood = - 13483. 541

Iteration 3：log likelihood = - 13477. 272

Iteration 4：log likelihood = - 13476. 714

Iteration 5：log likelihood = - 13476. 628

Iteration 6：log likelihood = - 13476. 625

Iteration 7：log likelihood = - 13476. 625

Structural equation model　　　　　　　　　Number of obs = 346

Estimation method = ml

Log likelihood = −13476. 625

（1）［childwf6］noncognitive_ability = 1

子代学习成绩 （rank）	系数 （Coef.）	OIM 标准误 （OIM Std. Err.）	z 值 （z）	P > z 值 （P > z）	95% 置信 区间下限 （95% Conf.）	上限 （Interval）
结构 （Structural）						
父代收入对数 （lnincome < − ）						
父代教育 （tb4_a14_p）	0. 1210423	0. 0371307	3. 26	0. 001	0. 0482674	0. 1938171
父代性别 （tb2_a_p）	0. 6912763	0. 104459	6. 62	0. 000	0. 4865405	0. 8960122
父代户口 （qa301_a14_p）	0. 0789385	0. 0609647	1. 29	0. 195	− 0. 0405501	0. 1984272
父代年龄 （cfps2014_age）	− 0. 0105836	0. 0115212	− 0. 92	0. 358	− 0. 0331648	0. 0119976
父代职业 （qg303code）	1. 64e − 06	3. 38e − 06	0. 48	0. 628	− 4. 99e − 06	8. 27e − 06
常数项 （_cons）	9. 316532	0. 5011408	18. 59	0. 000	8. 334314	10. 29875
家庭教育投入对数 （lnchildwd5 ~ l < − ）						
父代收入对数 （lnincome）	0. 0895674	0. 0714783	1. 25	0. 210	− 0. 0505275	0. 2296622
常数项 （_cons）	6. 360498	0. 7094901	8. 96	0. 000	4. 969923	7. 751073
子代学习成绩排名 （rank < − ）						
家庭教育投入对数 （lnchildwd5total）	− 0. 1478037	0. 0414324	− 3. 57	0. 000	− 0. 2290098	− 0. 0665977

续表

子代学习成绩 （rank）	系数 （Coef.）	OIM 标准误 （OIM Std. Err.）	z 值 （z）	P > z 值 （P > z）	95% 置信 区间下限 （95% Conf.）	上限 （Interval）
子代是否重点学校 （childzhongdian）	−0.0109425	0.1239111	−0.09	0.930	−0.2538037	0.2319188
父代非认知能力 （noncognitive_ ~ y）	0.0998758	0.0491109	2.03	0.042	0.0036202	0.1961315
常数项 （_cons）	4.696473	0.2994369	15.68	0.000	4.109588	5.283359
子代是否重点学校 （childzhong ~ n < −）						
家庭关系 （childguanxi）	0.3856083	0.114701	3.36	0.001	0.1607985	0.6104182
子代户口 （childhukou）	−0.0191003	0.0930383	−0.21	0.837	−0.2014519	0.1632514
常数项 （_cons）	0.2465543	0.0244284	10.09	0.000	0.1986754	0.2944331
父代非认知能力 （noncogniti ~ y < −）						
父代教育 （tb4_a14_p）	0.3137294	0.0908205	3.45	0.001	0.1357245	0.4917344
测量 （Measurement）						
教育行为 （childwf6 < −）						
父代非认知能力 （noncognitive_ ~ y）	—	—	1	—	（constrained）	—
常数项 （_cons）	19.97199	0.3551008	56.24	0.000	19.27601	20.66798
情绪行为 （childwm2 < −）						

续表

子代学习成绩 （rank）	系数 （Coef.）	OIM 标准误 （OIM Std. Err.）	z 值 （z）	P > z 值 （P > z）	95% 置信 区间下限 （95% Conf.）	上限 （Interval）
父代非认知能力 （noncognitive_ ~ y）	3.645944	0.8973762	4.06	0.000	1.887119	5.404769
常数项 （_cons）	42.95402	0.835484	51.41	0.000	41.3165	44.59154
家庭关系 （childwn < − ）						
父代非认知能力 （noncognitive_ ~ y）	1.493066	0.3473701	4.30	0.000	0.8122334	2.173899
常数项 （_cons）	− 0.7115843	0.4986027	− 1.43	0.154	− 1.688828	0.265659
学习习惯 （childwf8 < − ）						
父代非认知能力 （noncognitive_ ~ y）	0.1417526	0.1429274	0.99	0.321	− 0.13838	0.4218851
常数项 （_cons）	26.19195	0.2244247	116.71	0.000	25.75209	26.63182
读书数量 （readbook < − ）						
父代非认知能力 （noncognitive_ ~ y）	2.893669	1.117046	2.59	0.010	0.7043	5.083038
常数项 （_cons）	8.270586	1.735422	4.77	0.000	4.869221	11.67195
方差（父代收入对数） （var(e. lnincome)）	0.8530055	0.0648528	—	—	0.7349134	0.9900736
方差 （家庭教育投资对数） （var(e. lnchildwd ~1)）	1.763566	0.1340815	—	—	1.519414	2.046951

续表

子代学习成绩 （rank）	系数 （Coef.）	OIM 标准误 （OIM Std. Err.）	z 值 （z）	P > z 值 （P > z）	95% 置信 区间下限 （95% Conf.）	上限 （Interval）
方差（教育行为） （var(e. childwf6)）	14. 24875	1. 223149	—	—	12. 04225	16. 85955
方差（情绪行为） （var(e. childwm2)）	21. 73775	6. 751333	—	—	11. 82626	39. 95597
方差 （家庭关系） （var(e. childwn)）	26. 82509	2. 334244	—	—	22. 61893	31. 81342
方差（学习习惯） （var(e. childwf8)）	10. 21476	0. 7788713	—	—	8. 796798	11. 86129
方差（读书数量） （var(e. readbook)）	514. 6387	40. 08998	—	—	441. 7682	599. 5293
方差（学习成绩排名) （var(e. rank)）	0. 9996249	0. 0772506	—	—	0. 8591254	1. 163101
方差（重点学校） (var(e. childzhon ~ n)）	0. 1874575	0. 0142521	—	—	0. 1615054	0. 2175797
方差 （父代非认知能力） （var(e. noncognit ~ y)）	2. 087168	0. 7654388	—	—	1. 017165	4. 282756

Note：The LR test of model vs. saturated is not reported because the fitted model is not full rank.

1. 用数学和语文的平均成绩衡量

我们假设父代通过三个机制去影响孩子的学习成绩：父代的收入会影响孩子的教育水平，主要是收入高的父亲，在孩子身上的教育投入也高一些；父亲的教育水平会影响孩子的教育投资，主要是通过父代的非认知水平，教育水平高的父母，会更为有效地投资孩子的教育，方式更为准确；还有就是父代会通过户口和关系，为孩子选择重点学校，通过学校的质量，提高孩子的学习成绩。

用数学和语文的平均成绩衡量的模型表明：对于父代而言，父代的教育和性别对收入有显著性作用，其中教育对收入作用的相关系数是 0.12，性别的相关系数是 0.66。父代的收入对于子代的教育投资的相关系数为 0.21，结果显著。对孩子的教育投入没有表现出对孩子的学习成绩有显著的影响作用。此外，是否在重点的学校没有显著地影响孩子的学习成绩，没有得出户口和关系能够显著地影响孩子去重点学校。至少在现有的数据下没有验证这一机制起作用，可能是现有的数据不够全面。父代的教育对于父代非认知能力的相关系数为 0.3，结果显著；非认知能力对于孩子学习成绩的相关系数为 0.21，结果显著，说明这是一个非常重要的影响机制。其中，非认知能力的衡量标准中，父母的教育行为（childwf6）、家庭关系（childwn）及孩子读书的数量（readbook）都具有显著性的作用，只有孩子的学习习惯没有显著的影响，也可能是数据的质量问题。

2. 用班级排名去衡量

用班级的排名（rank）衡量学习成绩，模型构建的思路与前文是相同的，只是学习成绩用在班级的排名来替代，排名是相对成绩的表现，有一定的合理性，但不同学校的成绩不是很适合横向的比较，所以用班级排名进行分析可能不太准确。得到的分析数据与前文用数学和语文的平均成绩对比，相同的是：父代的教育水平和性别对父代的收入有显著的影响，教育水平的相关系数为 0.12，性别的相关系数为 0.69。父代的教育水平对父代的非认知能力的影响是显著的，相关系数为 0.31，比前文的分析大一些；非认知能力对学习成绩的影响是显著的，相关系数为 0.1，比前文的分析要小一些。父母的社会关系对孩子进入重点学校有一定的作用，户口的作用不显著，通过重点学校对孩子学习成绩的作用也不够显著。这些与前文的结论基本一致。综合两种衡量方法，得出的主要结论为：父母的教育水平影响了父母的非认知能力，主要改变的是父母的教育行为、情绪行为、家庭关系和孩子读书的数量，这些会显著地影响孩子的学习成绩。

用数学和语文平均成绩衡量的学习成绩，以及用班级排名衡量的学习成绩，得到的结论为：父代教育的非认知能力对于子代学习成绩有显著性的影响，父代的非认知能力主要改变父母的教育行为、情绪行为、家庭关系和孩子读书的数量，这些会显著地影响孩子的学习成绩。父代教育的非认知能力在代际流动机制中扮演着非常重要的作用。

二、结构方程模型和分析结果：2016 年 CFPS 数据

2016 年模型的基本思路与前文相同：父代的教育水平（cfps_2016edu）、工作经验、城乡（urban16）、性别（cfps_gender）和职位（qq303code）决定了父代的收入，其中工作经验用年龄（cfps_age）来代替，父代的收入用收入对数（lnincome）衡量。父代的收入会影响家庭的教育投入（lnchildpd5total），进而影响孩子的学习成绩（performance）。我们假设孩子的学习成绩受三个方面的影响：一是父母的非认知能力对教育投资的影响；二是父母的教育投入；三是学区和学校的质量。其中，非认知能力的影响路径是：父母的教育水平影响父母的非认知能力，然后非认知能力影响父母的教育投资效率，其中非认知能力由四个因素衡量：教育行为（childwf6）、家庭关系（childwn）、学习习惯（childwf8）、读书的数量（readbook）。2016 年的数据与 2014 年相比，没有情绪行为（childwm2）的数据。读书的数量是用过去 12 个月总阅读量衡量；教育行为是用过去 12 个月对孩子学习和生活的关怀来衡量，具体包括：放弃看电视的频率、和孩子讨论学校的事、要求孩子完成的作

149

业、检查孩子完成的作业、阻止孩子看电视、限制孩子看的节目；衡量家庭关系的具体问题为：过去 1 个月与父母争吵的次数、与父母谈心的次数、过去 1 个月父母争吵的次数；衡量学习习惯的问题为：孩子学习很努力、孩子完成作业后会检查、孩子完成作业后才玩、孩子做事时注意力集中、孩子遵规守纪、一旦开始就必须完成、孩子喜欢把物品摆放整齐。

2016 年 CFPS 数据少儿问卷中也是有两种方法衡量孩子的学习成绩：一个是用孩子语文和数学的平均成绩；另一个是用在班级的排名。我们按照这两种方法分别构建结构方程的模型，用孩子数学和语文的平均成绩去衡量学习成绩的模型见图 4-6，具体分析结果见表 4-6；用孩子在班级的排名去衡量学习成绩的模型见图 4-7，具体分析结果见表 4-7。

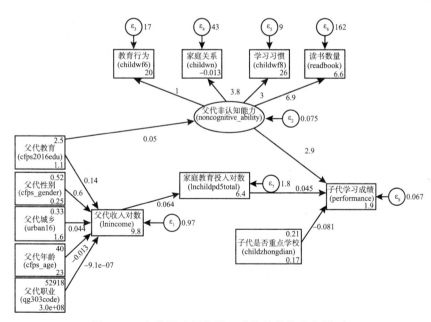

图 4-6　父代影响子代学习成绩的结构方程模型
（用数学和语文的平均成绩衡量）：2016 年 CFPS 数据

表 4 - 6   父代影响子代学习成绩的结构方程分析结果

（用数学和语文的平均成绩衡量）：2016 年 CFPS 数据

（6404 observations with missing values excluded）

Endogenous variables

Observed：lnincome lnchildpd5 total performance

Measurement：childwf6 childwn childwf8 readbook

Latent：noncognitive_ability

　　　Exogenous variables

Observed：cfps2016edu cfps_gender urban16 cfps_age qg303code childzhongdian

Fitting target model：

Iteration 0：log likelihood = − 11237.23 （not concave）

Iteration 1：log likelihood = − 11220.528 （not concave）

Iteration 2：log likelihood = − 11216.457 （not concave）

Iteration 3：log likelihood = − 11209.735

Iteration 4：log likelihood = − 11209.216 （not concave）

Iteration 5：log likelihood = − 11203.434 （not concave）

Iteration 6：log likelihood = − 11203.369

Iteration 7：log likelihood = − 11202.679

Iteration 8：log likelihood = − 11202.24

Iteration 9：log likelihood = − 11201.929

Iteration 10：log likelihood = − 11201.741

Iteration 11：log likelihood = − 11201.57

Iteration 12：log likelihood = − 11201.54

Iteration 13：log likelihood = − 11201.41

Iteration 14：log likelihood = − 11201.387

Iteration 15：log likelihood = − 11201.33 （not concave）

Iteration 16：log likelihood = − 11201.329

Iteration 17：log likelihood = − 11201.312

Iteration 18：log likelihood = − 11201.283

Iteration 19：log likelihood = − 11201.273

Iteration 20：log likelihood = − 11201.259

Iteration 21：log likelihood = − 11201.252

Iteration 22：log likelihood = − 11201.25

Iteration 23：log likelihood = − 11201.249

Iteration 24：log likelihood = − 11201.249

Iteration 25：log likelihood = − 11201.249

Iteration 26：log likelihood = − 11201.249

Structural equation model　　　　　　　　　Number of obs = 317

Estimation method = ml

Log likelihood = − 11201.249

（1）［childwf6］noncognitive_ability = 1

子代学习成绩 （performance）	系数 （Coef.）	OIM 标准误 （OIM Std. Err.）	z 值 （z）	P > z 值 （P > z）	95% 置信 区间下限 （95% Conf.）	上限 （Interval）
结构 （Structural）						
父代收入对数 （lnincome < − ）						
父代教育 （cfps2016edu）	0.1435619	0.0591606	2.43	0.015	0.0276093	0.2595145
父代性别 （cfps_gender）	0.5955023	0.1151138	5.17	0.000	0.3698834	0.8211211
父代城乡 （urban16）	0.0444224	0.0435502	1.02	0.308	− 0.0409344	0.1297792
父代年龄 （cfps_age）	− 0.0125317	0.0118358	− 1.06	0.290	− 0.0357295	0.010666
父代职业 （qg303code）	− 9.10e − 07	3.52e − 06	− 0.26	0.796	− 7.80e − 06	5.98e − 06
常数项 （_cons）	9.757032	0.5363827	18.19	0.000	8.705742	10.80832
家庭教育投入对数 （lnchildpd5 ~ l < − ）						
父代收入对数 （lnincome）	0.0637411	0.0717172	0.89	0.374	− 0.076822	0.2043042
常数项 （_cons）	6.402651	0.7137104	8.97	0.000	5.003804	7.801498
子代学习成绩 （performance < − ）						
家庭教育投入对数 （lnchildpd5total）	0.044638	0.0352591	1.27	0.206	− 0.0244685	0.1137446
父代非认知能力 （noncognitive_ ~ y）	2.892139	4.046479	0.71	0.475	− 5.038814	10.82309

续表

子代学习成绩 （performance）	系数 （Coef.）	OIM 标准误 （OIM Std. Err.）	z 值 （z）	P > z 值 （P > z）	95% 置信 区间下限 （95% Conf.）	上限 （Interval）
子代是否重点学校 （childzhongdian）	− 0.0805721	0.1111051	− 0.73	0.468	− 0.2983342	0.1371899
常数项 （_cons）	1.949746	0.2543671	7.67	0.000	1.451196	2.448297
父代非认知能力 （noncogniti ~ y < − ）						
父代教育 （cfps2016edu）	0.0503015	0.0700164	0.72	0.472	− 0.0869281	0.1875311
测量 （Measurement）						
教育行为 （childwf6 < − ）						
父代非认知能力 （noncognitive_ ~ y）	—	—	1	—	（constrained）	—
常数项 （_cons）	19.89893	0.2893131	68.78	0.000	19.33188	20.46597
家庭关系 （childwn < − ）						
父代非认知能力 （noncognitive_ ~ y）	3.776456	3.727033	1.01	0.311	− 3.528393	11.08131
常数项 （_cons）	− 0.0132826	0.5521039	− 0.02	0.981	− 1.095386	1.068821
学习习惯 （childwf8 < − ）						
父代非认知能力 （noncognitive_ ~ y）	2.97648	2.977641	1.00	0.317	− 2.859589	8.812548
常数项 （_cons）	26.29912	0.3124264	84.18	0.000	25.68677	26.91146

续表

子代学习成绩 （performance）	系数 （Coef.）	OIM 标准误 （OIM Std. Err.）	z 值 （z）	P > z 值 （P > z）	95% 置信 区间下限 （95% Conf.）	上限 （Interval）
读书数量 （readbook < −）						
父代非认知能力 （noncognitive_ ~ y）	6.552889	6.813379	0.96	0.336	−6.801089	19.90687
常数项 （_cons）	6.610789	0.980682	6.74	0.000	4.688687	8.53289
方差（父代收入对数） （var（e.lnincome））	0.9692685	0.0769891	—	—	0.8295318	1.132544
方差（家庭教育投入） （var（e.lnchildpd ~l））	1.759344	0.1397449	—	—	1.505704	2.05571
方差（教育行为） （var（e.childwf6））	16.65941	1.329593	—	—	14.24705	19.48024
方差（家庭关系） （var（e.childwn））	42.53017	3.517297	—	—	36.1661	50.01411
方差（学习习惯） （var（e.childwf8））	9.004386	0.8310112	—	—	7.514447	10.78974
方差（读书数量） （var（e.readbook））	161.8861	13.07627	—	—	138.1829	189.6553
方差（学习成绩） var（e.performance）	0.0670886	0.443031	—	—	1.61e−07	28035.25
方差 （父代非认知能力） （var（e.noncognit ~y））	0.0753681	0.1723047	—	—	0.0008535	6.655537

Note：The LR test of model vs. saturated is not reported because the fitted model is not full rank.

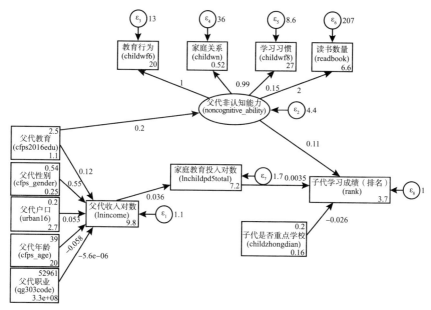

图 4 - 7　父代影响子代学习成绩的结构方程模型

（用班级排名衡量）：2016 年 CFPS 数据

表 4 - 7　　　父代影响子代学习成绩的结构方程分析结果

（用班级排名衡量）：2016CFPS 数据

（6544 observations with missing values excluded）

Endogenous variables

Observed：lnincome lnchildpd5total rank

Measurement：childwf6 childwn childwf8 readbook

Latent：noncognitive_ability

　　　Exogenous variables

Observed：cfps2016edu cfps_gender urban16 cfps_age qg303code childzhongdian

Fitting target model：

Iteration 0：log likelihood = - 6361. 6501 （ not concave）

Iteration 1：log likelihood = - 6356. 3381

Iteration 2：log likelihood = - 6351. 7038

Iteration 3：log likelihood = - 6351. 3648

Iteration 4：log likelihood = - 6351. 2999

Iteration 5：log likelihood = - 6351. 2991

Iteration 6：log likelihood = - 6351. 2991

Structural equation model　　　　　　　　Number of obs = 177

Estimation method = ml

Log likelihood = −6351. 2991

（1）［childwf6］noncognitive_ability = 1

子代学习成绩 （rank）	系数 （Coef.）	OIM 标准误 （OIM Std. Err.）	z 值 （z）	P > z 值 （P > z）	95% 置信 区间下限 （95% Conf.）	上限 （Interval）
结构 （Structural）						
父代收入对数 （lnincome < −）						
父代教育 （cfps2016edu）	0. 122187	0. 0831217	1. 47	0. 142	− 0. 0407286	0. 2851026
父代性别 （cfps_gender）	0. 5459621	0. 1609091	3. 39	0. 001	0. 2305861	0. 8613382
父代城乡 （urban16）	0. 053149	0. 0476391	1. 12	0. 265	− 0. 0402219	0. 1465198
父代年龄 （cfps_age）	− 0. 0057668	0. 017777	− 0. 32	0. 746	− 0. 040609	0. 0290755
父代职业 （qg303code）	− 5. 56e − 06	4. 85e − 06	− 1. 15	0. 252	− 0. 0000151	3. 95e − 06
常数项 （_cons）	9. 822928	0. 7584981	12. 95	0. 000	8. 336299	11. 30956
家庭教育投入对数 （lnchildpd5 ~ 1 < −）						
父代收入对数 （lnincome）	0. 0035724	0. 0910896	0. 04	0. 969	− 0. 17496	0. 1821048
常数项 （_cons）	7. 155831	0. 9085575	7. 88	0. 000	5. 375091	8. 936571
子代学习成绩排名 （rank < −）						
家庭教育投入对数 （lnchildpd5total）	0. 0034896	0. 0599661	0. 06	0. 954	− 0. 1140418	0. 1210209

续表

子代学习成绩 （rank）	系数 （Coef.）	OIM 标准误 （OIM Std. Err.）	z 值 （z）	P > z 值 （P > z）	95% 置信 区间下限 （95% Conf.）	上限 （Interval）
父代非认知能力 （noncognitive_ ~ y）	0.1125719	0.119801	0.94	0.347	− 0.1222338	0.3473776
子代是否重点学校 （childzhongdian）	− 0.0264398	0.1910897	− 0.14	0.890	− 0.4009688	0.3480892
常数项 （_cons）	3.704207	0.4319832	8.57	0.000	2.857536	4.550879
父代非认知能力 （noncogniti ~ y < −）						
父代教育 （cfps2016edu）	0.2041663	0.244883	0.83	0.404	− 0.2757957	0.6841282
测量 （Measurement）						
教育行为 （childwf6 < −）						
父代非认知能力 （noncognitive_ ~ y）	—	—	1	—	（constrained）	—
常数项 （_cons）	19.51933	0.6964057	28.03	0.000	18.1544	20.88426
家庭关系 （childwn < −）						
父代非认知能力 （noncognitive_ ~ y）	0.9913521	0.5617577	1.76	0.078	− 0.1096728	2.092377
常数项 （_cons）	0.5238275	0.8659641	0.60	0.545	− 1.173431	2.221086
学习习惯 （childwf8 < −）						
父代非认知能力 （noncognitive_ ~ y）	0.1482852	0.200366	0.74	0.459	− 0.244425	0.5409955

续表

子代学习成绩 （rank）	系数 （Coef.）	OIM 标准误 （OIM Std. Err.）	z 值 （z）	P > z 值 （P > z）	95% 置信 区间下限 （95% Conf.）	上限 （Interval）
常数项 （_cons）	26.62907	0.2636711	100.99	0.000	26.11229	27.14586
读书数量 （readbook < −）						
父代非认知能力 （noncognitive_ ~ y）	2.033418	1.753333	1.16	0.246	− 1.40305	5.469887
常数项 （_cons）	6.603193	1.988862	3.32	0.001	2.705095	10.50129
方差（父代收入对数） （var(e. lnincome)）	1.067553	0.1134796	—	—	0.8667776	1.314835
方差 （家庭教育投入对数） （var(e. lnchildpd ~1)）	1.720806	0.1829197	—	—	1.397173	2.119404
方差（教育行为） （var(e. childwf6)）	12.54729	3.833694	—	—	6.894048	22.8363
方差（家庭关系） （var(e. childwn)）	35.84389	4.90224	—	—	27.4157	46.86309
方差（学习习惯） （var(e. childwf8)）	8.584675	0.9318372	—	—	6.93951	10.61986
方差（读书数量） （var(e. readbook)）	207.1446	28.44936	—	—	158.2593	271.1303
方差（学习成绩排名） （var(e. rank)）	0.9994829	0.1301618	—	—	0.7743264	1.29011
方差 （父代非认知能力） （var(e. noncognit ~ y)）	4.381944	3.809216	—	—	0.7974784	24.07769

Note：The LR test of model vs. saturated is not reported because the fitted model is not full rank.

1. 用数学和语文的平均成绩去衡量

同样，我们假设父代通过三个机制去影响孩子的学习成绩：父代的收入会影响孩子的教育水平，主要是收入高的父亲，在孩子身上的教育投入也高一些；父亲的教育水平会影响孩子的教育投资，主要是通过父代的非认知水平，教育水平高的父母，会更为有效地投资孩子的教育，方式更为准确；还有就是父代为孩子选择重点学校，通过学校的质量，提高孩子的学习成绩。

用数学和语文的平均成绩衡量的模型表明：对于父代而言，父代的教育和性别对收入有显著性的作用，其中教育对收入作用的相关系数是 0.14（比 2014 年的数据高一些），性别的相关系数是 0.6（比 2014 年的数据小一点）。父代的收入对于子代教育投资的相关系数为 0.064，结果不显著。对孩子的教育投入没有表现出对孩子的学习成绩有显著的影响作用。此外，是否在重点的学校没有显著地影响孩子的学习成绩，没有得出户口和关系能够显著地影响孩子去重点学校。至少在现有的数据下没有验证这一机制起作用，可能是现有的数据不够全面。父代的教育对于父代非认知能力的相关系数也不显著；非认知能力对于孩子学习成绩的相关系数为 0.21，结果显著，说明这是一个非常重要的影响机制。其中，非认知能力的衡量标准中，只有父母的教育行为（childwf6）具有显著性的作用，家庭关系（childwn）及孩子读书的数量（readbook）没有显著的影响，也可能是数据的质量问题。

2. 用班级排名去衡量

用班级的排名（rank）衡量学习成绩，模型构建的思路与前面是相同的，只是学习成绩用班级的排名来替代，排名是相对成绩的表现，有一定的合理性，但不同学校的成绩不太均衡，所以横向比较可能不太准确。分析后得到的结果，和前文对比相同的是：父代的教育水平和性别对父代的收入有显著的影响，教育的系数为

0.12，性别的相关系数为 0.55。父代的教育水平对父代的非认知能力的影响是显著的，相关系数为 0.2，相比前文的分析大一些；非认知能力对学习成绩的影响是显著的，相关系数为 0.11，进入重点学校对孩子学习成绩的作用也不够显著，这些与前文的结论基本一致。综合两种衡量方法，得出的主要结论为：父母的教育水平影响了父母的非认知能力，主要改变的是父母的教育行为、家庭关系和孩子读书的数量，这些会显著地影响孩子的学习成绩。

2016 年 CFPS 数据的分析结果与 2014 年的结论基本一致，父代教育的非认知能力对于子代学习成绩有显著性的影响，在代际流动机制中扮演着非常重要的作用。

第四节　本章结论

本章依然采用 2014 年 CFPS 数据、2016 年 CFPS 数据和 2015 年 CHARLS 数据，运用结构方程的方法，分析了两个方面的问题：一是运用成人问卷，分析父代教育的非认知能力对子代收入的影响；二是运用少儿问卷，分析父代教育的非认知能力对子代学习成绩的影响。

一、父代教育的非认知能力对子代收入的影响

模型的基本假设是父代通过三个机制去影响子代的收入：第一，父代的收入会影响孩子的教育水平，收入高的父亲，投资在孩子身上的教育水平也会高一些，同样父代的家庭收入和家庭净资产也会影响孩子的教育投资；第二，父代的教育水平会影响孩子的教育投资，主要是通过父代的非认知水平，教育水平高的父母，会更为有

效地投资孩子的教育，方式更为准确；第三，父代会通过自身工作积累的社会资本去影响孩子的工作，帮助孩子找到更好的工作，从而提高孩子的收入。

2014 年 CFPS 数据配对的样本为 720 对。父代教育通过非认知能力去影响子代教育的相关系数为 0.21；父代的职业影响子代职业的系数为 0.016（结果不够显著）；父代收入影响子代教育水平的系数是 0.06，家庭收入影响子代教育水平的系数是 0.11，家庭净资产影响子代教育水平的系数是 0.16。可以验证的是，父代影响子代收入的机制有两个：一是父母的非认知能力对子代教育投资的影响；二是家庭的资产对子代教育投资的影响。

2016 年 CFPS 数据配对的样本为 452 对。父代教育通过非认知能力去影响子代教育的相关系数为 0.32；父代的职业影响子代职业的系数为 0.15；父代收入影响子代教育水平的系数是负的，家庭收入影响子代教育水平的系数也是负的，家庭净资产影响子代教育水平的系数是 0.28。可以验证的是，父代影响子代收入的机制有三个：一是父母的非认知能力对子代教育投资的影响；二是家庭的资产对子代教育投资的影响；三是父母通过职业中的人际网络资本影响子女的工作职位，进而影响子女的收入。

2015 年 CHARLS 数据配对的样本为 655 对。父代教育通过非认知能力去影响子代教育的相关系数为 0.35，比用 2015 年 CFPS 数据分析的影响程度要大，父代收入影响子代教育水平的相关系数是 0.31，也比 2015 年 CFPS 数据分析的结果要大。父代收入通过就业特征这一传导途径对子代收入的影响非常之小。验证的结果为：教育是主要的传导途径。

总体来看，代际流动机制包括三个方面：第一是通过净资产（或家庭收入）提高子代人力资本投资，从而提高子代的收入；第二是教育的非认知能力，是通过父代的教育水平产生作用的，往往父代教育水平较高，会有更高的非认知能力，知道如何进行教育投资才是最有效率的，在家中也可以通过有效的时间投资去提高子代的人力资本水平；第三是社会资本，即父代通过影响子代的工作选择去影响子代的收入。社会资本多半是通过父代的社会网络，可以帮助子代找到条件更好的工作，从而提高子代的收入水平，这方面的作用在验证过程中，由于数据的来源不是很贴切，因此得出的影响效果也比较小。从这个影响机制的框架中，可以看出非认知能力发挥着不可忽视的作用。

二、父代教育的非认知能力对子代学习成绩的影响

因为只有 CFPS 数据有少儿数据，因此这里选用 2014 年和 2016 年 CFPS 数据进行分析。构建模型的基本思路与前文很相似，只是少儿没有参加工作，没有收入的数据，用学习成绩去衡量，因为我们假设学习成绩高，未来会获得很好的工作，取得较高的收入。

CFPS 数据少儿问卷中有两种方法衡量孩子的学习成绩：一个是用孩子语文和数学的平均成绩；另一个是用在班级的排名。假设父代通过三个机制去影响孩子的学习成绩：父代的收入会影响孩子的教育水平，主要是收入高的父亲，在孩子身上的教育投入也高一些；父亲的教育水平会影响孩子的教育投资，主要是通过父代的非认知水平，教育水平高的父母，会更为有效地投资孩子的教育，方式更为准确；还有就是父代会通过户口和关系，为孩子选择重点学校，通过学校的质量，来提高孩子的学习成绩。

2014 年 CFPS 数据：用数学和语文的平均成绩衡量的配对数据为 592 对。父代的教育对于父代非认知能力的相关系数为 0.3，结果显著；非认知能力对于孩子学习成绩的相关系数为 0.21，结果显

著，说明这是一个非常重要的影响机制。其中，非认知能力的衡量标准中，父母的教育行为（childwf6）、家庭关系（childwn）及孩子读书的数量（readbook）都具有显著性的作用，只有孩子的学习习惯没有显著的影响。

2014 年 CFPS 数据：用班级排名衡量的配对数据为 346 对。父代的教育水平对父代非认知能力的影响是显著的，相关系数为 0.31，比前文的分析大一些；非认知能力对学习成绩的影响是显著的，相关系数为 0.1，比前文的分析要小一些。父母的社会关系对孩子进入重点学校有一定的作用，户口的作用不显著，通过重点学校对孩子学习成绩的作用也不够显著。这些与前文的结论基本一致。

2016 年 CFPS 数据：用数学和语文的平均成绩衡量的配对数据为 317 对。分析数据表明：父代的教育对于父代非认知能力的相关系数不显著；非认知能力对于孩子学习成绩的相关系数为 0.21，结果显著。是否在重点的学校没有显著地影响孩子的学习成绩，没有得出户口和关系能够显著地影响孩子去重点学校。其中，非认知能力的衡量标准中，只有父母的教育行为（childwf6）具有显著性的作用，家庭关系（childwn）及孩子读书的数量（readbook）没有显著的影响。

2016 年 CFPS 数据：用班级排名衡量的配对数据为 177 对。分析数据表明：父代的教育水平对父代非认知能力的影响是显著的，相关系数为 0.2；非认知能力对学习成绩的影响是显著的，相关系数为 0.11。进入重点学校对孩子学习成绩的作用也不够显著。这些与前文的结论基本一致。

综合两种衡量方法及两年的数据可以大致得出的主要结论为：父母的教育水平影响了父母的非认知能力，主要改变的是父母的教育行为、情绪行为、家庭关系和孩子读书的数量，这些会显著地影响孩子的学习成绩。

通过对子代的收入和对子代学习成绩两个方面的分析可以看出：父代教育的非认知能力对于子代的收入和学习成绩都有显著性的影响，在代际流动机制中扮演着最为重要的作用。

第五章

教育的分类和婚姻匹配作用

有些学者论证了教育的婚姻配偶选择机制，即一个人倾向于与自己和父母有相似收入、教育程度和地位的人结婚，这样即使不存在血亲的家人之间也可以存在收入代际流动现象。克雷默（Kremer，1997）的研究发现，在美国家庭中配偶双方在受教育程度上的相关程度达到了 0.6。查德威克和梭伦（Chadwick & Solon，2002）研究发现，丈夫和妻子的个人收入与他们各自父母的收入，以及配偶父母的收入有着很强且相等的相关性。布兰登和格雷格（Blanden & Gregg，2004）对英国的研究指出，配偶的收入和父母的收入之间的关系很大，甚至要比自己和父母的收入之间的联系更大，且与男性相比，配偶选择对女性收入的代际流动性更加重要。

本章将用 2014 年和 2016 年 CFPS 的数据，以及 2015 年 CHARLS 的数据，分析教育在婚姻匹配中所起的作用。首先给出配对夫妻的教育、年龄和收入的基本变量描述；然后利用 pwcorr 相关分析，得出夫妻的教育和收入的相关性，因为教育水平相关，也会导致收入相关，从而扩大收入差距，形成代际收入的保持性；进一步按照年龄和户口进行分类，有利于看出年龄和户口方面的特点，为便于对比分析，我们将两个数据库的分析结果都总结为一个表格；最后得出本章的结论。

第一节　基本变量的描述

一、教育水平的描述

我们将2014年和2016年CFPS数据配对夫妻的教育水平总结为表5-1。在CFPS数据中教育程度可以分为：文盲/半文盲、小学、初中、高中/中专/技校/职高、大专、大学本科、硕士、博士、没必要读书。表5-1中分别列出人数和所占的比例（括号内为所占比例），从表5-1中的数据可以看出，妻子的教育水平整体低于丈夫的教育水平，说明男性的教育程度普遍比女性高。另外，2016年与2014年CFPS的数据相比，整体的教育水平在提高。

表5-1　　　2014年和2016年CFPS数据夫妻的教育水平

教育水平	2014年CFPS数据		2016年CFPS数据	
	丈夫	妻子	丈夫	妻子
文盲/半文盲	2329（18.30%）	3806（29.90%）	2522（20.50%）	4307（36.50%）
小学	3240（25.46%）	2765（21.73%）	3061（24.88%）	2546（21.58%）
初中	4059（31.89%）	3154（24.78%）	3926（31.91%）	2937（24.89%）
高中/中专/技校/职高	1818（14.28%）	1308（10.28%）	1776（14.43%）	1219（10.33%）
大专	576（4.53%）	445（3.50%）	608（4.94%）	493（4.18%）
大学本科	337（2.65%）	231（1.82%）	372（3.03%）	275（2.33%）

教育水平	2014 年 CFPS 数据		2016 年 CFPS 数据	
	丈夫	妻子	丈夫	妻子
硕士	22（0.17%）	13（0.10%）	39（0.32%）	22（0.19%）
博士	0	1（0.01%）	1（0.01%）	1（0.01%）
没必要读书	346（2.72%）	1004（7.89%）	—	—
总计	12727	12727	12305	12305

2015 年 CHARLS 数据配对夫妻教育水平的基本描述总结为表 5 - 2。2015 年 CHARLS 数据中，教育分为：没接受正式教育、没有完成小学、私塾/家庭学校、小学、中学、高中、职业教育、大专、本科、研究生。与 2014 年 CFPS 的数据相比，整体的教育水平偏低一些，主要是因为 CHARLS 数据库的主访对象是 45 岁以上个体，因此年龄会偏大一些，教育程度会相应偏低一些。

表 5 - 2　　　　　　　2015 年 CHARLS 数据夫妻的教育水平

教育水平	丈夫	妻子
没接受正式教育	712（10.93%）	2335（35.74%）
没有完成小学	1174（18.03%）	1273（19.48%）
私塾/家庭学校	26（0.40%）	6（0.09%）
小学	1697（26.06%）	1243（19.02%）
中学	1793（27.53%）	1120（17.14%）
高中	674（10.35%）	371（5.68%）
职业教育	221（3.39%）	89（1.36%）
大专	149（2.29%）	63（0.96%）
本科	66（1.01%）	32（0.49%）
研究生	1（0.02%）	2（0.03%）
合计	6513	6534

二、年龄和收入的描述

表 5 – 3、表 5 – 4 和表 5 – 5 分别是 2014 年 CFPS 数据、2016 年 CFPS 数据和 2015 年 CHARLS 数据中夫妻的年龄和收入的描述。由于后面主要分析教育和收入的相关程度，因此这里给出的数据描述并没有完全配对。2014 年 CFPS 中夫妻的年龄都在 16 ~ 93 岁，2016 年 CF-PS 数据中夫妻的年龄在 16 ~ 95 岁。两个数据的平均年龄为 48 ~ 50 岁。CHARLS 数据中年龄都在 19 ~ 92（99）岁，平均年龄为 57 岁和 59 岁。可以看出 CHARLS 的数据中夫妻的平均年龄更大些。

表 5 – 3 　　　　2014 年 CFPS 数据夫妻的年龄和收入的描述

变量 （Variable）	样本数 （Obs）	均值 （Mean）	标准差 （Std. Dev.）	最小值 （Min）	最大值 （Max）
丈夫年龄 （cfps2014_age）	12723	49.359	14.368	16	93
妻子年龄 （wifecfps20 ~ e）	12719	47.346	14.108	16	93
丈夫收入 （income）	8081	16393.850	24510.020	0	400000
妻子收入 （wifeincome）	6836	7992.968	16882.380	0	408000

表 5 – 4 　　　　2016 年 CFPS 数据夫妻的年龄和收入的描述

变量 （Variable）	样本数 （Obs）	均值 （Mean）	标准差 （Std. Dev.）	最小值 （Min）	最大值 （Max）
丈夫年龄 （cfps_age）	12305	50.330	14.568	16	95

续表

变量 （Variable）	样本数 （Obs）	均值 （Mean）	标准差 （Std. Dev.）	最小值 （Min）	最大值 （Max）
妻子年龄 （wifecfps_age）	12305	48.319	14.324	16	95
丈夫收入 （income）	3256	24882.760	43342.460	0	1200000
妻子收入 （wifeincome）	2796	13879.970	23185.070	0	390000

表 5-5 　　　2015 年 CHARLS 数据夫妻的年龄和收入的描述

变量 （Variable）	样本数 （Obs）	均值 （Mean）	标准差 （Std. Dev.）	最小值 （Min）	最大值 （Max）
丈夫年龄 （fatherage）	8633	59.316	9.932	19	92
妻子年龄 （motherage）	8577	57.075	9.652	19	99
丈夫收入 （ga002_~ather）	2585	25808.000	25255.760	5	500000
妻子收入 （ga002_~other）	1445	17734.020	20700.520	14	300000

　　从收入的区间和平均值来看，男性的收入高于女性的收入，2016年 CFPS 的收入高于 2014 年 CFPS 的收入，说明随着经济的发展，收入水平在逐步提高；2015 年 CHARLS 的收入高于 2014 年 CFPS 的收入，可能是因为样本中的平均年龄偏大，因此工作经验更多，收入更高一些。

　　总体来看，三个年份、两个数据库的数据特点基本一致，可以很好地比较分析得出结论。

第二节　教育和收入的相关性分析

这里采用 pwcorr 相关分析，对夫妻的教育和收入的相关性分别进行分析，并将分析结果总结为表 5 - 6，以便于更为清晰地观察和比较。

从表 5 - 6 的分析结果可以看出：收入相关性在各个数据库中得出的结果非常一致，都在 0.44 ~ 0.47 之间。其中，2014 年 CFPS 数据中配对夫妻 5817 对，得出的收入相关系数为 0.4688，p 值为 0.0000。2016 年 CFPS 数据中配对夫妻 1322 对，得出的收入相关系数为 0.4379，p 值为 0.0000。2015 年 CHARLS 数据中配对夫妻 876 对，得出的收入相关系数为 0.4497，p 值为 0.0000。

表 5 - 6　　　　教育相关性和收入相关性的分析结果
（CPFS 数据和 CHARLS 数据）

数据	教育相关性	收入相关性
2014 年 CPFS 数据 p 值（Prob > F）	0.3307（12727 对） 0.0000	0.4688（5817 对） 0.0000
2016 年 CFPS 数据 p 值（Prob > F）	0.6062（11800 对） 0.0000	0.4379（1322 对） 0.0000
2015 年 CHARLS 数据 p 值（Prob > F）	0.4549（6113 对） 0.0000	0.4497（876 对） 0.0000

表 5 - 6 中教育相关性变化要大一些。其中，2014 年 CFPS 数据中配对夫妻 12727 对，教育的相关系数为 0.3307，p 值为 0.0000。2016 年 CFPS 数据中配对夫妻 11800 对，教育的相关系数为

0.6062，p 值为 0.0000。2015 年 CHARLS 数据中配对夫妻 6113 对，教育的相关系数为 0.4549，p 值为 0.0000。说明随着时间变化，夫妻的教育相关性越来越强。

总体来说，夫妻的教育水平有日渐明显的匹配性，收入存在着非常稳定的匹配性，因此教育在婚姻中的匹配作用，可能在未来会放大个人收入的不平等。

一、按照年龄分类的教育相关性和收入相关性分析

我们可能会猜想不同年龄段的夫妻是否在教育和收入的相关性上存在差异，这种随着年龄的变化是否可以总结为一种变化趋势。因此，研究者们进一步按照年龄分类后，得到教育的相关性和收入相关性的分析结果，总结见表 5 - 7。由于 CHARLS 数据的主访对象是 45 岁以上的成年人，因此配对夫妻的年龄较大。有些年龄段的配对夫妻样本不足，不能进行分析，因此将这些配对太少的数据去掉。

2014 年 CFPS 数据中：年龄在 20 岁以下的配对夫妻 10 对，教育的相关系数为 0.9797，p 值为 0.0000；20～30 岁配对夫妻 1207对，教育的相关系数为 0.5281，p 值为 0.0000；30～40 岁配对夫妻 2202 对，教育的相关系数为 0.4974，p 值为 0.0000；40～50 岁配对夫妻 3190 对，教育的相关系数为 0.3145，p 值为 0.0000；50～60 岁配对夫妻 2717 对，教育的相关系数为 0.2731，p 值为 0.0000；60～70 岁配对夫妻 2245 对，教育的相关系数为 0.2529，p 值为 0.0000；70～80 岁配对夫妻 953 对，教育的相关系数为 0.3012，p 值为 0.0000；80～90 岁配对夫妻 191 对，教育的相关系数为 0.3896，p 值为 0.0000。这种变化趋势很明显：随着年龄的增加，教育的匹配性下降。年龄到了 70 岁以上教育的匹配性又上升了，可

能是这些老年夫妻的年龄太大，总体的教育水平很低，因此匹配性反而增加了。

2016 年的 CFPS 数据也显示出同样的趋势。因此，CFPS 数据的趋势很明显，年龄越小，夫妻的教育匹配性越强。说明现在的年轻人在婚姻中非常注重教育水平的相当。

2015 年 CHARLS 数据中，由于主访对象是 45 岁以上的家庭，因此夫妻的数据主要是 40 岁以上的。40～50 岁配对的样本 491 对，教育相关系数为 0.5601，p 值为 0.0000；50～60 岁配对样本 2192 对，教育相关系数为 0.3572，p 值为 0.0000；60～70 岁配对样本为 2195 对，教育相关系数为 0.3948，p 值为 0.0000；70～80 岁配对样本为 968 对，教育相关系数为 0.4185，p 值为 0.0000；80～90 岁配对样本为 194 对，教育相关系数为 0.3796，p 值为 0.0000；90 岁以上配对样本为 70 对，教育相关系数为 0.3856，p 值为 0.0010。没看出明显的年龄变化趋势，可能是因为没有很年轻夫妻配对样本的原因。

2014 年 CFPS 数据收入相关性的分析结果为：20 岁以下的配对的样本 6 对，收入的相关系数为 0.1412，p 值为 0.7897，结果不显著。这一阶段的收入很不稳定，虽然教育的相关性很强，但收入的相关性不显著，我们可以从 20 岁开始观察。20～30 岁配对样本 540 对，收入相关系数为 0.4829，p 值为 0.0000；30～40 岁配对样本 1195 对，收入相关系数为 0.4829，p 值为 0.0000；40～50 岁配对样本 1833 对，收入相关系数为 0.4246，p 值为 0.0000；50～60 岁配对样本 1317 对，收入相关系数为 0.3656，p 值为 0.0000；60～70 岁配对样本 754 对，收入相关系数为 0.2507，p 值为 0.0000；70～80 岁配对样本为 162 对，收入相关系数为 0.0991，p 值为 0.2094。变化趋势是随着年龄的增加先增加、后下降，在 30～40 岁收入的相关系数是最大的。因为收入还要受到多种因素的影响，因此也符合我们的假设在中间年龄段是收入比较高的时期。

2016 年的 CFPS 数据也显示出基本相同的趋势。2016 年 CFPS 数据与 2014 年相比，中间年龄段的收入相关系数更大一些，说明夫妻的收入匹配性更强一些。2015 年 CHARLS 数据：收入的相关性呈现出 40～50 岁最大的趋势，与 2014 年 CFPS 数据的结果基本相同，而教育的相关性上没有很明确的年龄变化趋势。

表 5 – 7　　　按照年龄分类的教育相关性和收入相关性分析

年龄	2014 年 CPFS 数据		2016 年 CFPS 数据		2015 年 CHARLS 数据	
	教育相关性	收入相关性	教育相关性	收入相关性	教育相关性	收入相关性
<20 岁	0.9797 （10 对） 0.0000	0.1412 （6 对） 0.7897	1.0000 （7 对） 0.0000	—	—	—
20～30 岁	0.5281 （1207 对） 0.0000	0.46 （540 对） 0.0000	0.6078 （966 对） 0.0000	0.1816 （279 对） 0.0023	—	—
30～40 岁	0.4974 （2202 对） 0.0000	0.4829 （1195 对） 0.0000	0.7048 （2059 对） 0.0000	0.5037 （400 对） 0.0000	—	—
40～50 岁	0.3145 （3190 对） 0.0000	0.4246 （1833 对） 0.0000	0.5817 （2709 对） 0.0000	0.4318 （295 对） 0.0000	0.5601 （491 对） 0.0000	0.4489 （341 对） 0.0000
50～60 岁	0.2731 （2717 对） 0.0000	0.3656 （1317 对） 0.0000	0.4292 （2597 对） 0.0000	0.2740 （198 对） 0.0001	0.3572 （2192 对） 0.0000	0.3751 （354 对） 0.0000
60～70 岁	0.2529 （2245 对） 0.0000	0.2507 （754 对） 0.0000	0.4238 （2211 对） 0.0000	0.4664 （110 对） 0.0000	0.3948 （2195 对） 0.0000	0.3797 （134 对） 0.0000
70～80 岁	0.3012 （953 对） 0.0000	0.0991 （162 对） 0.2094	0.4654 （1025 对） 0.0000	－ 0.0302 （34 对） 0.8654	0.4185 （968 对） 0.0000	0.3799 （39 对） 0.0171

续表

年龄	2014 年 CPFS 数据		2016 年 CFPS 数据		2015 年 CHARLS 数据	
	教育相关性	收入相关性	教育相关性	收入相关性	教育相关性	收入相关性
80~90 岁	0.3896 （191 对） 0.0000	—	0.5869 （215 对） 0.0000	—	0.3796 （194 对） 0.0000	− 0.0623 （4 对） 0.9377
90 岁以上	0.1780 （12 对） 0.5800	—	0.6851 （11 对） 0.0200	—	0.3856 （70 对） 0.0010	− 0.0405 （4 对） 0.9595

综合两个数据库、三年的数据可以看出，越是年轻的夫妻教育的相关性越强，中年的夫妻收入相关性最强。说明现在选择配偶时，越来越注重双方的教育和收入的匹配性。

二、按照户口分类的教育相关性和收入相关性分析

按照户口分类后，得到两个数据的教育相关性和收入相关性，将分析结果总结为表 5 - 8。2014 年 CFPS 数据：农业户口的配对夫妻 8729 对，教育相关性为 0. 2866；非农户口的配对夫妻 2744 对，教育相关性为 0. 4245，非农的教育相关性更大一些。2016 年 CFPS 数据：农业户口的配对夫妻 8147 对，教育相关性为 0. 4608；非农户口的配对夫妻 2418 对，教育相关性为 0. 6546，非农的教育相关性更大一些。与 2014 年的 CFPS 数据相比，2016 年的教育相关性也要大一些。2015 年 CHARLS 数据：农业户口的配对夫妻 3941 对，教育相关性为 0. 3496；非农户口的配对夫妻 780 对，教育相关性为 0. 4906。CHARLS 数据与 CFPS 数据的特点一致，非农业户口的教育相关性要更大一些。

收入相关性的分析：2014 年 CFPS 数据农村户口的配对夫妻

4379 对，收入相关性为 0.3901；非农户口的配对夫妻 965 对，收入相关性为 0.3740。2016 年 CFPS 数据：农业户口的配对夫妻 987 对，教育相关性为 0.3442；非农户口的配对夫妻 188 对，教育相关性为 0.5839。2015 年 CHARLS 数据中农业户口配对夫妻 264 对，收入相关系数为 0.4108；非农业户口配对夫妻 93 对，收入相关系数为 0.5187。2014 年 CFPS 农业户口的收入相关性比 2016 年的更大一些，但 2016 年 CFPS 数据和 2015 年 CHARLS 数据都是非农户口的收入相关性更大一些。

表 5 - 8　　　按照户口分类的教育相关性和收入相关性分析

数据	农业户口		非农户口	
	教育相关性	收入相关性	教育相关性	收入相关性
2014 年 CPFS	0.2866 （8729 对） 0.0000	0.3901 （4379 对） 0.0000	0.4245 （2774 对） 0.0000	0.3740 （965 对） 0.0000
2016 年 CPFS	0.4608 （8147 对） 0.0000	0.3442 （987 对） 0.0000	0.6546 （2418 对） 0.0000	0.5839 （188 对） 0.0000
2015 年 CHARLS	0.3496 （3941 对） 0.0000	0.4108 （264 对） 0.0000	0.4906 （780 对） 0.0000	0.5178 （93 对） 0.0000

综合上面的分析结果两个数据库的结果基本一致，非农户口的教育相关性和收入相关性都比农业户口要大。可以初步判定随着时间变化，夫妻之间的教育相关性和收入相关性在增加，尤其是在城市中，更注重教育和收入的匹配性。因此，这种匹配作用会更加放大收入的不平等，而城市的收入不平等会更大。

第三节　本　章　结　论

本章通过匹配的夫妻数据，验证教育和收入的相关性。如果夫妻之间有很高的教育和收入的相关性，会进一步放大家庭收入的不平等，不利于代际的流动性。本章依然选取 2014 年 CFPS 数据、2016 年 CFPS 数据及 2015 年 CHARLS 数据，由于着重分析教育和收入的相关性，很多个体没有收入，因此在分析教育和收入的相关性时，没有选择完全相同的匹配样本。只要教育和收入的信息完整，就分别构成了教育和收入的匹配样本。

首先给出了三个数据中教育、年龄、收入这些基本变量的统计描述。呈现的主要特点为：丈夫的教育程度高于妻子，体现了过去我们在教育上重男轻女的观念；收入上也是丈夫高于妻子，除了因为教育水平上的差异，说明我国劳动力市场上可能存在着性别歧视；2015 年 CHARLS 数据主要访问对象为 45 岁以上的以家庭为单位，因此匹配的夫妻平均年龄高于 CFPS 数据。

进一步计算教育的相关性和收入的相关性，发现结论基本一致，可以肯定教育在婚姻中的确有很明显的匹配作用，夫妻双方在婚姻中教育的相关性达到了 0.4 左右，收入也存在着非常稳定的相关性。从年龄的趋势上看，尤其是 CFPS 数据显示：年龄越轻，教育相关性越强。收入的相关性最强的是在中年的夫妻中，主要是中间年龄段的收入比较接近于一生的收入。从户口的分类上看，随着经济的发展，无论是城市还是农村，教育和收入的相关性都在增加，尤其是教育的相关性。说明人们在婚姻中现在比过去更加注重教育的对等和匹配。同时农村与城市相比，城市的教育相关性和收入相关性更大一些，这样会进一步加大收入的不平等，增强代际收入的保持性。

第六章

教育对健康的外溢作用

第一节　西方学者对于教育和
健康互动关系的研究

我们发现：教育水平高的群体往往更健康。教育和健康的正关系可归纳为三种解释：第一种是教育对健康的因果关系；第二种是健康对教育的因果关系；第三种解释是可能存在不可观测的第三个变量（如时间或风险偏好），使教育和健康向同一方向变化。学者探讨较多的是第一种机制和第二种机制。因此，下面分别给予分析。

一、教育对健康的作用机制

教育影响健康的具体方式或作用机制可以归纳为以下几种解释：（1）教育水平高的个体往往有更高的收入，可以买更多的健康产品和健康保险，从而导致很好的健康结果，这是最显著的经济解释。

（2）教育水平高的个体会找到更好、更安全的工作，远离疾病和焦虑，有更高的自我满足感，这些能显著地改进健康。（3）研究最多的是通过教育、健康知识，健康行为的关系来解释教育对健康的因果关系。北川和豪斯（Kitagawa & Hauser, 1973）提出：教育能够直接通过增加健康知识来改进行为，或是间接地通过改进社会地位和财富，使自身更健康。其实，他们的研究包含了上面的前三种解释。罗森茨魏希和舒尔茨（Rosenzweig & Schultz, 1982）提出了认知能力的概念，认为教育会提高个体的认知能力，教育水平高的个体会掌握更多关于吸烟、饮酒和锻炼方面的健康知识，并更容易转变为健康的行为，从而变成健康的产出。罗斯和吴（Ross & Wu, 1995）认为教育水平高的个体吸烟的可能性更小，去锻炼、健康检查及适度饮酒的可能性更大，这些都有利于健康。很多学者也进行了类似的研究，如桑德（Sander, 1995）、肯克尔（Kenkel, 1991）、米拉（Meara, 2001）、利和迪希尔（Leigh & Dhir, 1997）等。核心观点是：虽然健康行为不能解释健康差异的全部，但不同教育程度的人群健康行为存在差异，教育水平高的个体更能选择健康的生活方式。福斯（Fuchs, 1982）、贝克尔和穆利根（Becker & Mulligan, 1997）对于这一解释也给予了充分的肯定。莫克达德（Mokdad, 2004）等估计，在美国近一半的死亡是由于不健康的行为因素，尤其是吸烟、过度超重和过度饮酒，教育水平高的人吸烟、肥胖和过度饮酒的更少。（4）教育水平高的个体，可能在社会中排名更高，所接触的配偶和朋友教育程度也很高，有很好的同辈效应（peer）效应。教育水平高的个体，对生活和健康的控制感觉更好，会获得更高的社会支持，更多地被关照、关注和评价，有交流的网络，这些有利于个体的健康。

我们可以将前两种解释归结为教育的货币机制，主要是经济资源的差异；后两种解释归结为教育的非货币机制，主要是行为方式、社会网络和心理等因素的差异。卡特勒和勒勒斯穆尼（Cutler & Lleras‑Muney，2006）得出了一个重要的结论，教育改进健康更多的是通过健康行为和习惯的积累，而不是通过收入或是物质财富的积累。教育的健康收益增加了教育的总收益至少15%，可能多达55%。因此，教育政策可能是最为效率、长效地改进健康和减少健康不平等的政策工具。

二、健 康 对 教 育 的 作 用 机 制

健康对教育的作用机制研究的核心内容为：孩子早期的健康对成年后教育获得的影响。扩展研究是：将父母的教育水平对孩子健康的影响加入进来，研究一连串的影响：父母教育水平对孩子健康的影响，进而孩子的健康对今后教育获得的影响。

早期的经典研究是北川和豪斯（Kitagawa & Hauser，1973），阐述了教育在父母社会状况和健康的关系时扮演着核心的角色，在生命周期的早期更健康有利于今后获得更多的教育、更健康。柯里和莫雷蒂（Currie & Moretti，2003）验证了父母的教育和出生儿健康状况的关系。教育水平高的妇女，收入更高，嫁给高收入配偶的可能性更大，有更好的健康行为。在某种程度上，更健康的孩子会更有生产力，成年后接受的教育更多，这将成为重要的代际溢出。

近期的研究焦点为父母的社会经济地位（SES）与孩子的教育和健康的关系。父母的社会状况对孩子健康有正向的影响；更健康的孩子成人后可能获得更多的教育、更好的健康，在以后的劳动力市场中表现更好，取得更高的工资和社会地位。健康对教育的作用机制为：父母的教育和健康状况，通过孩子早期的健康，影响孩子成人后的健康和教育，再进一步影响到下一代。这样一连串的机

制，表明健康将在经济地位的代际传递上扮演角色。

本章将研究这两种教育对健康的外溢效应。第一种机制为：教育会提高个体的健康，而健康也是重要的人力资本投资，会提高个体的收入。这样教育本身不仅会提高个体的收入，还会通过对健康的外溢作用去提高个体的收入。第二种机制为母亲的教育会影响新生儿的健康，然后通过教育这种代际作用，影响子代的健康，从而影响子代的收入。这里教育的认知能力会影响子代的健康，从而起到代际转移的作用。

第一种机制的分析较为详细：首先对教育和健康的相关性进行分析；如果相关性显著，进一步通过回归分析，研究教育对健康的影响；最后通过结构方程的方法，研究代际流动机制中教育对健康的影响机理。第二种机制：主要分析母亲的教育水平对子代新生时的健康状况的影响。

第二节　教育和健康的相关性分析

这里仍然用 CFPS 数据和 CHARLS 数据分析，首先给出教育和健康的相关性；然后按照城乡分类计算相关系数，便于对比分析。分析结果见表 6 - 1。

表 6 - 1　　　　　　　　教育和健康的相关性分析结果

城乡分类模型	2014 年 CFPS 数据	2016 年 CFPS 数据	2015 年 CHARLS 数据
相关系数 p 值（Prob > F）	- 0.2162 0.0000 （obs = 35135）	- 0.0990 0.0000 （obs = 5531）	- 0.1271 0.0000 （obs = 14799）

续表

城乡分类模型	2014 年 CFPS 数据	2016 年 CFPS 数据	2015 年 CHARLS 数据
居住在农村	- 0. 2006 0. 0000 （obs = 15724）	- 0. 1115 0. 0000 （obs = 2260）	- 0. 1035 0. 0000 （obs = 2455）
居住在城市	- 0. 2458 0. 0000 （obs = 16562）	- 0. 1091 0. 0000 （obs = 3180）	- 0. 0999 0. 0000 （obs = 10220）

从分析结果可以看出，健康与教育有很显著的相关关系，符号为负，主要是数据处理时教育和健康选择的等级编号是反向的。2014 年 CFPS 数据显示，教育和健康的相关系数为 - 0. 2162，样本数量为 135135，p 值为 0. 0000；2015 年的 CHARLS 数据的相关系数为 - 0. 1271，样本数量为 5531，p 值为 0. 0000；2016 年 CFPS 数据中相关系数为 - 0. 0990，样本数量为 14799，p 值为 0. 0000。虽然数值不太相同，但从结论可以大致看出，教育和健康存在着显著的相关关系。

从时间变化趋势上看，似乎随着时间变化，教育和健康的互动关系在减弱。从城乡的居住信息上看，两个数据对于户口分类得出的结论并不一致，但大致可以看出，非农村户口和农村户口的相关系数相差不大，没有看出明显的差异。

第三节　教育对健康作用的回归分析

本节构建回归模型，将健康作为因变量，健康作为自变量，分析教育对于健康的作用。

一、2014 年 CFPS 数据

首先进行基本模型回归，回归方程中健康是因变量（用 cfps2014edu 表示）、健康是自变量（用 qp201 表示），其中回归结果是教育对健康的影响程度，分析结果见表 6 - 2，可以看出教育有很显著的作用，影响系数为 - 0. 203。

表 6 - 2　　　　2014 年 CFPS 数据教育对健康影响的回归分析

健康 （qp201）	系数 （Coef.）	标准误 （St. Err）	t 值 （t-value）	p 值 （p-value）	显著性 （Sig.）
教育 （cfps2014edu）	- 0. 203	0. 005	- 41. 510	0. 000	***
常数项 （_cons）	3. 463	0. 015	237. 810	0. 000	***
因变量均值 （Mean dependent var）	2. 921		因变量标准差 （SD dependent var）		1. 240
判定系数 （R - squared）	0. 047		样本数 （Number of obs）		35135. 000
F 统计量 （F - test）	1723. 353		p 值 （Prob > F）		0. 000
赤池信息准则 （Akaike crit.（AIC））	113168. 509		贝叶斯信息准则 （Bayesian crit.（BIC））		113185. 443

注：*** 为 $p < 0.01$，** 为 $p < 0.05$，* 为 $p < 0.1$。

然后，加入年龄和性别进行回归，回归方程中，因变量为健康（用 qp201 表示），自变量为教育（用 cfps2014edu 表示）、年龄（用 cfps2014_age 表示）、性别（用 cfps_gender 表示），分析结果见表 6 - 3，可以看出教育的相关系数变小了，年龄和性别的结果都显著，说明年龄和性别也是重要的影响因素。

表 6 – 3　　　2014 年 CFPS 数据教育对健康影响的回归分析：

加入年龄和性别的控制变量

健康 （qp201）	系数 （Coef.）	标准误 （St. Err）	t 值 （t-value）	p 值 （p-value）	显著性 （Sig.）
教育 （cfps2014edu）	– 0.056	0.005	– 11.200	0.000	***
年龄 （cfps2014_age）	0.026	0.000	68.850	0.000	***
性别 （cfps_gender）	– 0.215	0.012	– 17.660	0.000	***
常数项 （_cons）	2.005	0.027	75.580	0.000	***
因变量均值 （Mean dependent var）	2.921		因变量标准差 （SD dependent var）		1.240
判定系数 （R – squared）	0.164		样本数 （Number of obs）		35135.000
F 统计量 （F – test）	2301.437		p 值 （Prob > F）		0.000
赤池信息准则 （Akaike crit.（AIC））	108550.888		贝叶斯信息准则 （Bayesian crit.（BIC））		108584.756

注：*** 为 $p < 0.01$。

在回归模型中加入收入，因变量为健康（用 qp201 表示），自变量为教育（用 cfps2014edu 表示）、收入（用 lnincome 表示），分析结果见表 6 – 4。从分析结果可以看出，教育和收入都对健康有显著性作用，但教育的作用变小了，因为教育和收入有相互关系，因此引入收入后，分散了一部分作用。

表 6 - 4 　 2014 年 CFPS 数据教育和收入对健康影响的回归分析

健康 （qp201）	系数 （Coef.）	标准误 （St. Err）	t 值 （t-value）	p 值 （p-value）	显著性 （Sig.）
教育 （cfps2014edu）	- 0.068	0.009	- 8.000	0.000	***
收入对数 （lnincome）	- 0.069	0.012	- 5.600	0.000	***
常数项 （_cons）	3.586	0.119	30.230	0.000	***
因变量均值 （Mean dependent var）	2.679	因变量标准差 （SD dependent var）	1.107		
判定系数 （R - squared）	0.014	样本数 （Number of obs）	9178.000		
F 统计量 （F - test）	62.953	p 值 （Prob > F）	0.000		
赤池信息准则 （Akaike crit.（AIC））	27796.101	贝叶斯信息准则 （Bayesian crit.（BIC））	27817.475		

注：*** 为 p < 0.01。

　　根据前文的思路，构建比较完整的健康回归模型，然后再引入收入。这样回归模型中因变量为健康（用 qp201 表示），自变量为教育（用 cfps2014edu 表示）、收入（用 lnincome 表示）、年龄（用 cfps2014_age 表示）和性别（用 cfps_gender 表示），分析结果见表 6 - 5。加入收入后，教育对健康的影响系数变得不显著了，因为教育和收入是相互影响的两个因素，但可以肯定的是收入是很显著的影响因素。将教育去掉，只是保留收入和一些控制变量，分析结果见表 6 - 6。

表 6 – 5　　　2014 年 CFPS 数据教育对健康影响的回归分析

（加入年龄和性别控制变量）：加入收入

健康 （qp201）	系数 （Coef.）	标准误 （St. Err）	t 值 （t-value）	p 值 （p-value）	显著性 （Sig.）
教育 （cfps2014edu）	– 0. 012	0. 009	– 1. 400	0. 163	—
收入对数 （lnincome）	– 0. 046	0. 012	– 3. 760	0. 000	***
年龄 （cfps2014_age）	0. 025	0. 001	26. 090	0. 000	***
性别 （cfps_gender）	– 0. 215	0. 023	– 9. 180	0. 000	***
常数项 （_cons）	2. 351	0. 123	19. 080	0. 000	***
因变量均值 （Mean dependent var）	2. 679		因变量标准差 （SD dependent var）	1. 107	
判定系数 （R – squared）	0. 085		样本数 （Number of obs）	9178. 000	
F 统计量 （F – test）	213. 544		p 值 （Prob > F）	0. 000	
赤池信息准则 （Akaike crit.（AIC））	27108. 033		贝叶斯信息准则 （Bayesian crit.（BIC））	27143. 655	

注：*** 为 p < 0.01。

表 6 – 6　　收入对健康影响的回归分析（加入控制变量）

健康 （qp201）	系数 （Coef.）	标准误 （St. Err）	t 值 （t-value）	p 值 （p-value）	显著性 （Sig.）
收入对数 （lnincome）	– 0. 050	0. 012	– 4. 250	0. 000	***
年龄 （cfps2014_age）	0. 025	0. 001	27. 550	0. 000	***

健康 （qp201）	系数 （Coef.）	标准误 （St. Err）	t 值 （t-value）	p 值 （p-value）	显著性 （Sig.）
性别 （cfps_gender）	-0.213	0.023	-9.090	0.000	***
常数项 （_cons）	2.338	0.123	19.030	0.000	***
因变量均值 （Mean dependent var）	2.679	因变量标准差 （SD dependent var）		1.107	
判定系数 （R - squared）	0.085	样本数 （Number of obs）		9178.000	
F 统计量 （F - test）	284.046	p 值 （Prob > F）		0.000	
赤池信息准则 （Akaike crit.（AIC））	27107.981	贝叶斯信息准则 （Bayesian crit.（BIC））		27136.479	

注：*** 为 p < 0.01，** 为 p < 0.05，* 为 p < 0.1。

分析结果表明，收入有很显著的影响，影响系数为 -0.050。因此，后续的模型中依然保留收入，去掉教育，引入健康行为（如吸烟、健康饮食和锻炼）替代教育带入方程中。由于数据库里的信息有限，在 2014 年 CFPS 数据中，用吸烟、健康饮食和锻炼来衡量健康行为，因变量为健康（用 qp201 表示），自变量为吸烟（用 xiyan 表示）、锻炼（用 duanlian 表示）、腌制食品（用 yanzhishipin 表示）、收入（用 lnincome 表示）、年龄（用 cfps2014_age 表示）、性别（用 cfps_gender 表示）、城乡（用 urban14 表示），分析结果见表 6 - 7。可以看出，加入了健康行为后，健康行为和收入的影响都不显著了，但从影响的符号可以大致看出吸烟对健康是不利的，锻炼对健康是有益的，腌制食品的影响系数为 0。而年龄、性别和城乡的影响都非常显著。

表 6 – 7　　健康行为、收入等对健康影响的回归分析（加入控制变量）

健康 （qp201）	系数 （Coef.）	标准误 （St. Err）	t 值 （t-value）	p 值 （p-value）	显著性 （Sig.）
吸烟 （xiyan）	0.003	0.003	0.920	0.358	—
锻炼 （duanlian）	− 0.006	0.004	− 1.390	0.165	—
腌制食品 （o. yanzhishipin）	0.000	0.000	0.000	0.000	—
收入对数 （lnincome）	− 0.013	0.026	− 0.500	0.616	—
年龄 （cfps2014_age）	0.024	0.002	11.850	0.000	***
性别 （cfps_gender）	− 0.200	0.054	− 3.670	0.000	***
城乡 （urban14）	0.029	0.015	1.960	0.050	**
常数项 （_cons）	1.929	0.268	7.190	0.000	***

因变量均值 （Mean dependent var）	2.571	因变量标准差 （SD dependent var）	1.067
判定系数 （R – squared）	0.079	样本数 （Number of obs）	1933.000
F 统计量 （F – test）	27.692	p 值 （Prob > F）	0.000
赤池信息准则 （Akaike crit.（AIC））	5591.178	贝叶斯信息准则 （Bayesian crit.（BIC））	5630.146

注：*** 为 $p < 0.01$，** 为 $p < 0.05$。

　　如果把收入从回归模型中去掉，将教育用健康行为替代。这时回归方程中，因变量为健康（用 qp201 表示），自变量为吸烟（用 187

xiyan 表示）、锻炼（用 duanlian 表示）、腌制食品（用 yanzhishipin
表示）、年龄（用 cfps2014_age 表示）、性别（用 cfps_gender 表
示）、城乡信息（用 urban14 表示），分析结果见表 6-8。

表 6-8　健康行为对健康影响的回归分析（加入控制变量）

健康 （qp201）	系数 （Coef.）	标准误 （St. Err）	t 值 （t-value）	p 值 （p-value）	显著性 （Sig.）
吸烟 （xiyan）	0.000	0.002	0.250	0.802	—
锻炼 （duanlian）	-0.010	0.003	-3.780	0.000	***
腌制食品 （o. yanzhishipin）	0.000	0.000	0.000	0.000	—
年龄 （cfps2014_age）	0.025	0.001	26.140	0.000	***
性别 （cfps_gender）	-0.194	0.035	-5.470	0.000	***
城乡 （urban14）	0.026	0.011	2.430	0.015	**
常数项 （_cons）	1.779	0.046	38.920	0.000	***

因变量均值 （Mean dependent var）	2.721	因变量标准差 （SD dependent var）	1.137
判定系数 （R - squared）	0.141	样本数 （Number of obs）	4528.000
F 统计量 （F - test）	147.863	p 值 （Prob > F）	0.000
赤池信息准则 （Akaike crit.（AIC））	13335.829	贝叶斯信息准则 （Bayesian crit.（BIC））	13374.338

注：*** 为 p < 0.01，** 为 p < 0.05，* 为 p < 0.1。

与前文的分析结果基本相同，腌制食品没有显示出对健康有显著性影响，但锻炼有显著性的有益作用。

二、2016 年 CFPS 数据

同样，首先进行基本模型回归，回归方程中教育是自变量（用 cfps2016edu 表示）、健康是因变量（用 qp201 表示），其中回归结果是教育对健康的影响程度，分析结果见表 6-9。可以看出教育有很显著的作用，影响系数为 -0.077，与 2014 年的 CFPS 数据相比要小一些。

表 6-9　　　2016 年 CFPS 数据教育对健康影响的回归分析

健康 （qp201）	系数 （Coef.）	标准误 （St. Err）	t 值 （t-value）	p 值 （p-value）	显著性 （Sig.）
教育 （cfps2016edu）	-0.077	0.010	-7.390	0.000	***
常数项 （_cons）	2.936	0.038	77.310	0.000	***
因变量均值 （Mean dependent var）	2.678		因变量标准差 （SD dependent var）		1.111
判定系数 （R-squared）	0.010		样本数 （Number of obs）		5531.000
F 统计量 （F-test）	54.676		p 值 （Prob > F）		0.000
赤池信息准则 （Akaike crit.（AIC））	16809.610		贝叶斯信息准则 （Bayesian crit.（BIC））		16822.846

注：*** 为 $p<0.01$，** 为 $p<0.05$，* 为 $p<0.1$。

然后加入年龄和性别进行回归，回归方程中因变量为健康（用

qp201 表示），自变量为教育（用 cfps2016edu 表示）、年龄（用 cfps_age 表示）、性别（用 cfps_gender 表示），分析结果见表 6 - 10。可以看出，教育的相关系数变小了，年龄和性别的结果都显著，说明年龄和性别也是重要的影响因素。

表 6 - 10　　　2016 年 CFPS 数据教育对健康影响的回归分析
（加入年龄和性别的控制变量）

健康 （qp201）	系数 （Coef.）	标准误 （St. Err）	t 值 （t-value）	p 值 （p-value）	显著性 （Sig.）
教育 （cfps2016edu）	-0.012	0.011	-1.140	0.255	—
年龄 （cfps_age）	0.023	0.001	18.180	0.000	***
性别 （cfps_gender）	-0.250	0.029	-8.590	0.000	***
常数项 （_cons）	2.061	0.069	29.930	0.000	***
因变量均值 （Mean dependent var）	2.678		因变量标准差 （SD dependent var）	1.111	
判定系数 （R - squared）	0.074		样本数 （Number of obs）	5531.000	
F 统计量 （F - test）	147.306		p 值 （Prob > F）	0.000	
赤池信息准则 （Akaike crit. （AIC））	16442.588		贝叶斯信息准则 （Bayesian crit. （BIC））	16469.061	

注：*** 为 p < 0.01。

在回归模型中加入收入，因变量为健康（用 qp201 表示），自变量为教育（用 cfps2016edu 表示）、收入（用 lnincome 表示），分析结果见表 6 - 11。从分析结果可以看出，教育和收入对健康的回

归系数分别为 －0.068 和 －0.049，教育的回归系数比引入收入时还要高一些，说明教育和收入对健康都有显著性作用。

表6－11　　　2016年CFPS数据教育和收入对健康影响的回归分析

健康 （qp201）	系数 （Coef.）	标准误 （St. Err）	t 值 （t-value）	p 值 （p-value）	显著性 （Sig.）
教育 （cfps2016edu）	－0.068	0.011	－6.360	0.000	***
收入对数 （lnincome）	－0.049	0.014	－3.480	0.000	***
常数项 （_cons）	3.396	0.137	24.710	0.000	***
因变量均值 （Mean dependent var）	2.678		因变量标准差 （SD dependent var）	1.111	
判定系数 （R－squared）	0.012		样本数 （Number of obs）	5531.000	
F 统计量 （F－test）	33.465		p 值 （Prob > F）	0.000	
赤池信息准则 （Akaike crit.（AIC））	16799.472		贝叶斯信息准则 （Bayesian crit.（BIC））	16819.326	

注：*** 为 $p < 0.01$，** 为 $p < 0.05$，* 为 $p < 0.1$。

同样，根据前文的思路，构建比较完整的健康回归模型，然后再引入收入。这样回归模型中因变量为健康（用 qp201 表示），自变量为教育（用 cfps2016edu 表示）、收入（用 lnincome 表示）、年龄（用 cfps_age 表示）和性别（用 cfps_gender 表示），分析结果见表6－12。加入收入和一些变量后，教育和收入对健康的影响系数都变得不显著了，可能是因为与年龄有相互影响。将教育去掉，只是保留收入和一些控制变量，发现收入也不显著，分析结果见表6－13。

表 6－12   2016 年 CFPS 数据教育和收入对健康影响的回归分析

（加入年龄和性别的控制变量）

健康 （qp201）	系数 （Coef.）	标准误 （St. Err）	t 值 （t-value）	p 值 （p-value）	显著性 （Sig.）
教育 （cfps2016edu）	－ 0.008	0.011	－ 0.750	0.456	—
收入对数 （lnincome）	－ 0.022	0.014	－ 1.600	0.110	—
年龄 （cfps_age）	0.023	0.001	18.120	0.000	***
性别 （cfps_gender）	－ 0.241	0.030	－ 8.090	0.000	***
常数项 （_cons）	2.266	0.146	15.530	0.000	***
因变量均值 （Mean dependent var）	2.678	因变量标准差 （SD dependent var）		1.111	
判定系数 （R－squared）	0.074	样本数 （Number of obs）		5531.000	
F 统计量 （F－test）	111.149	p 值 （Prob > F）		0.000	
赤池信息准则 （Akaike crit.（AIC））	16442.033	贝叶斯信息准则 （Bayesian crit.（BIC））		16475.124	

注：*** 为 p＜0.01，** 为 p＜0.05，* 为 p＜0.1。

表 6－13   2016 年 CFPS 数据收入对健康影响的回归分析

（加入年龄和性别的控制变量）

健康 （qp201）	系数 （Coef.）	标准误 （St. Err）	t 值 （t-value）	p 值 （p-value）	显著性 （Sig.）
收入对数 （lnincome）	－ 0.018	0.013	－ 1.400	0.163	—

续表

健康 （qp201）	系数 （Coef.）	标准误 （St. Err）	t 值 （t-value）	p 值 （p-value）	显著性 （Sig.）
年龄 （cfps_age）	0.023	0.001	20.600	0.000	***
性别 （cfps_gender）	− 0.237	0.028	− 8.380	0.000	***
常数项 （_cons）	2.180	0.138	15.810	0.000	***
因变量均值 （Mean dependent var）	2.687	因变量标准差 （SD dependent var）		1.114	
判定系数 （R − squared）	0.073	样本数 （Number of obs）		6196.000	
F 统计量 （F − test）	161.427	p 值 （Prob > F）		0.000	
赤池信息准则 （Akaike crit.（AIC））	18462.908	贝叶斯信息准则 （Bayesian crit.（BIC））		18489.835	

注：*** 为 $p < 0.01$，** 为 $p < 0.05$，* 为 $p < 0.1$。

后续的模型中依然保留收入，去掉教育，引入健康行为（如吸烟、健康饮食和锻炼）替代教育代入方程中。由于数据库里的信息有限，在 2016 年 CFPS 数据中，用吸烟、锻炼和饮酒来衡量健康行为，因变量为健康（用 qp201 表示），自变量为吸烟（用 smoke 表示）、锻炼（用 exercise 表示）、饮酒（用 drink 表示）、收入（用 ln-income 表示）、年龄（用 cfps_age 表示）、性别（用 cfps_gender 表示）、城乡（用 urban16 表示），分析结果见表 6 – 14。可以看出，加入了健康行为后收入的影响还是不显著的，健康行为中锻炼的影响是很显著的，饮酒的影响也显著，但吸烟的结果不显著，而年龄、性别和城乡的影响都非常显著。总体来说，健康行为（如锻炼和饮酒）对健康有一定的作用。

表6-14 2016年CFPS数据健康行为和收入对健康影响的回归分析
（加入年龄和性别的控制变量）

健康 （qp201）	系数 （Coef.）	标准误 （St. Err）	t值 （t-value）	p值 （p-value）	显著性 （Sig.）
吸烟 （smoke）	0.002	0.002	1.030	0.301	—
锻炼 （exercise）	−0.020	0.005	−4.050	0.000	***
饮酒 （drink）	−0.069	0.041	−1.690	0.092	*
收入对数 （lnincome）	−0.019	0.013	−1.440	0.150	—
年龄 （cfps_age）	0.024	0.001	20.510	0.000	***
性别 （cfps_gender）	−0.232	0.032	−7.190	0.000	***
城乡 （urban16）	0.021	0.010	2.030	0.042	**
常数项 （_cons）	2.197	0.138	15.940	0.000	***
因变量均值 （Mean dependent var）	2.687		因变量标准差 （SD dependent var）	1.114	
判定系数 （R−squared）	0.076		样本数 （Number of obs）	6196.000	
F统计量 （F−test）	72.801		p值 （Prob > F）	0.000	
赤池信息准则 （Akaike crit.（AIC））	18447.143		贝叶斯信息准则 （Bayesian crit.（BIC））	18500.996	

注：*** 为 $p<0.01$，** 为 $p<0.05$，* 为 $p<0.1$。

三、2015 年 CHARLS 数据

同样，首先进行基本模型回归，回归方程中健康是因变量（用 jiankangpingjia 表示）、教育是自变量（用 bd001_w2_4 表示），其中回归结果是教育对健康的影响程度，分析结果见表 6-15。可以看出教育有很显著的作用，影响系数为 -0.057，与 2014 年的 CFPS 数据相比，要小一些，比 2016 年 CFPS 数据的结果大一些。

表 6-15　2015 年 CHARLS 数据教育对健康影响的回归分析

健康 （jiankangpingjia）	系数 （Coef.）	标准误 （St. Err）	t 值 （t-value）	p 值 （p-value）	显著性 （Sig.）
教育 （bd001_w2_4）	-0.057	0.004	-15.590	0.000	***
常数项 （_cons）	3.585	0.014	252.720	0.000	***
因变量均值 （Mean dependent var）	3.394	因变量标准差 （SD dependent var）		0.874	
判定系数 （R-squared）	0.016	样本数 （Number of obs）		14799.000	
F 统计量 （F-test）	242.886	p 值 （Prob > F）		0.000	
赤池信息准则 （Akaike crit.（AIC））	37766.540	贝叶斯信息准则 （Bayesian crit.（BIC））		37781.745	

注：*** 为 $p < 0.01$，** 为 $p < 0.05$，* 为 $p < 0.1$。

然后加入年龄和性别进行回归，回归方程中，因变量为健康（用 jiankangpingjia 表示），自变量为教育（用 bd001_w2_4 表示）、年龄（用 age 表示）、性别（用 ba000_w2_3 表示），分析结果见

表6-16。可以看出，教育的相关系数变小了，年龄和性别的结果都显著，说明年龄和性别也是重要的影响因素。

表6-16　2015年CHARLS数据教育对健康影响的回归分析

（加入年龄和性别的控制变量）

健康 （jiankangpingjia）	系数 （Coef.）	标准误 （St. Err）	t 值 （t-value）	p 值 （p-value）	显著性 （Sig.）
教育 （bd001_w2_4）	-0.038	0.004	-9.620	0.000	***
年龄 （age）	0.008	0.001	10.910	0.000	***
性别 （ba000）_w2_3	0.112	0.015	7.440	0.000	***
常数项 （_cons）	2.842	0.062	45.750	0.000	***
因变量均值 （Mean dependent var）	3.394		因变量标准差 （SD dependent var）		0.873
判定系数 （R - squared）	0.027		样本数 （Number of obs）		14612.000
F 统计量 （F - test）	134.572		p 值 （Prob > F）		0.000
赤池信息准则 （Akaike crit.（AIC））	37111.265		贝叶斯信息准则 （Bayesian crit.（BIC））		37141.624

注：*** 为 $p < 0.01$，** 为 $p < 0.05$，* 为 $p < 0.1$。

在回归模型中加入收入，因变量为健康（用 jiankangpingjia 表示），自变量为教育（用 bd001_w2_4 表示）、收入（用 lnincome 表示），分析结果见表6-17。从分析结果可以看出，教育和收入都对健康有显著性作用，但教育的作用变小了，因为教育和收入有相互关系，因此引入收入后，分散了一部分作用。

表 6 – 17 **2015 年 CHARLS 数据教育和收入对健康影响的回归分析**

健康 （jiankangpingjia）	系数 （Coef.）	标准误 （St. Err）	t 值 （t-value）	p 值 （p-value）	显著性 （Sig.）
教育 （bd001_w2_4）	– 0.019	0.009	– 2.180	0.029	**
收入对数 （lnincome）	– 0.118	0.013	– 9.240	0.000	***
常数项 （_cons）	4.318	0.111	39.070	0.000	***
因变量均值 （Mean dependent var）	3.137		因变量标准差 （SD dependent var）	0.859	
判定系数 （R – squared）	0.041		样本数 （Number of obs）	3012.000	
F 统计量 （F – test）	64.054		p 值 （Prob > F）	0.000	
赤池信息准则 （Akaike crit.（AIC））	7512.672		贝叶斯信息准则 （Bayesian crit.（BIC））	7530.704	

注： *** 为 p < 0.01， ** 为 p < 0.05， * 为 p < 0.1。

同样，根据前文的思路，构建比较完整的健康回归模型，然后再引入收入。这样回归模型中因变量为健康（用 jiankangpingjia 表示），自变量为教育（用 bd001_w2_4 表示）、收入（用 lnincome 表示）、年龄（用 age 表示）和性别（用 ba000_w2_3 表示），分析结果见表 6 – 18。加入收入和一些控制变量后，教育对健康的影响系数都变得不显著了，因为教育和收入是相互影响的两个因素，但可以肯定的是收入是很显著的影响因素。将教育去掉，只是保留收入和一些控制变量，分析结果见表 6 – 19。

表6-18　　　　　　教育和收入对健康影响的回归分析

（加入年龄和性别的控制变量）

健康 （jiankangpingjia）	系数 （Coef.）	标准误 （St. Err）	t值 （t-value）	p值 （p-value）	显著性 （Sig.）
教育 （bd001_w2_4）	-0.012	0.009	-1.340	0.181	—
收入对数 （lnincome）	-0.102	0.014	-7.380	0.000	***
年龄 （age）	0.005	0.002	2.200	0.028	**
性别 （ba000）_w2_3	0.102	0.034	3.030	0.003	***
常数项 （_cons）	3.739	0.222	16.810	0.000	***
因变量均值 （Mean dependent var）	3.134	因变量标准差 （SD dependent var）		0.860	
判定系数 （R-squared）	0.044	样本数 （Number of obs）		2989.000	
F统计量 （F-test）	34.282	p值 （Prob > F）		0.000	
赤池信息准则 （Akaike crit.（AIC））	7454.836	贝叶斯信息准则 （Bayesian crit.（BIC））		7484.849	

注：*** 为 $p<0.01$，** 为 $p<0.05$，* 为 $p<0.1$。

表6-19　　　　　　收入对健康影响的回归分析

（加入年龄和性别的控制变量）

健康 （jiankangpingjia）	系数 （Coef.）	标准误 （St. Err）	t值 （t-value）	p值 （p-value）	显著性 （Sig.）
收入对数 （lnincome）	-0.110	0.011	-9.790	0.000	***

续表

健康 （jiankangpingjia）	系数 （Coef.）	标准误 （St. Err）	t 值 （t-value）	p 值 （p-value）	显著性 （Sig.）
年龄 （age）	0.006	0.002	3.750	0.000	***
性别 （ba000_w2_3）	0.079	0.027	2.890	0.004	***
常数项 （_cons）	3.688	0.181	20.360	0.000	***
因变量均值 （Mean dependent var）	3.092		因变量标准差 （SD dependent var）	0.867	
判定系数 （R – squared）	0.042		样本数 （Number of obs）	4501.000	
F 统计量 （F – test）	65.030		p 值 （Prob > F）	0.000	
赤池信息准则 （Akaike crit.（AIC））	11307.981		贝叶斯信息准则 （Bayesian crit.（BIC））	11333.629	

注：*** 为 p < 0.01，** 为 p < 0.05，* 为 p < 0.1。

分析结果表明，收入有很显著的影响，影响系数为 - 0.110。因此，后续的模型中依然保留收入，去掉教育，引入健康行为（如吸烟和锻炼）替代教育代入方程中。由于数据库里的信息有限，在 2015 年 CHARLS 数据中，用吸烟和锻炼来衡量健康行为，因变量为健康（用 jiankangpingjia 表示），自变量为吸烟（用 xiyan 表示）、锻炼（用 duanlian 表示）、收入（用 lnincome 表示）、年龄（用 age 表示）、性别（用 ba000_w2_3 表示）、城乡（用 bc002_w3_1 表示），分析结果见表 6 - 20。可以看出，加入了健康行为后收入的影响依然是显著的，吸烟对健康的影响也是显著的，锻炼没有通过显著性的检验，而年龄、性别的影响是显著的，城乡的影响不显著。

表 6-20 2015 年 CHARLS 数据健康行为和收入对健康的影响

（加入年龄、性别和城乡的控制变量）

健康 （jiankangpingjia）	系数 （Coef.）	标准误 （St. Err）	t 值 （t-value）	p 值 （p-value）	显著性 （Sig.）
锻炼 （duanlian）	0.025	0.034	0.760	0.451	—
吸烟 （xiyan）	0.003	0.001	1.750	0.080	*
收入对数 （lnincome）	-0.108	0.015	-7.250	0.000	***
年龄 （age）	0.005	0.002	2.260	0.024	**
性别 （ba000_w2_3）	0.147	0.042	3.530	0.000	***
城乡 （bc002_w3_1）	-0.044	0.034	-1.300	0.194	—
常数项 （_cons）	3.681	0.244	15.070	0.000	***
因变量均值 （Mean dependent var）	3.127		因变量标准差 （SD dependent var）	0.859	
判定系数 （R - squared）	0.046		样本数 （Number of obs）	2624.000	
F 统计量 （F - test）	21.267		p 值 （Prob > F）	0.000	
赤池信息准则 （Akaike crit.（AIC））	6536.066		贝叶斯信息准则 （Bayesian crit.（BIC））	6577.173	

注：*** 为 $p < 0.01$，** 为 $p < 0.05$，* 为 $p < 0.1$。

比较两个数据库分析结果可以看出：收入对健康有非常重要的作用，加入收入变量后，教育的作用变得不显著了，因为教育和收入之间有着一定的相互作用。将教育用健康行为（如吸烟、饮食和锻炼）来替代，结果表明这些健康行为对健康有显著的影响，我们隐含的间接假设是教育对健康行为有很重要的作用。对于这个假设，下面用结构方程的方法进行深入的分析。

第四节　教育对健康影响的分析：
结构方程方法

回归模型要求自变量不能存在多重共线性，因此这里采用结构方程的方法进行分析，而且可以看出健康行为和教育之间的关系及教育对健康的影响。本节仍然采用 2014 年 CFPS 数据、2016 年 CF-PS 数据和 2015 年 CHARLS 数据分别给予分析。

一、2014 年 CFPS 数据

模型的假设与前面相同，吸烟（xiyan）、锻炼（duanlian）、食品（shipin）代表健康行为，它们受教育的影响，教育会通过这种机制对健康产生外溢作用。此外，收入（lnincome）是重要的影响因素，还有年龄（cfps2014_age）、性别（cfps2014_gender）和城乡（urban14）等影响因素，健康用自我评价（qp201）的方法，构建的模型见图 6 – 1，分析结果见表 6 – 21。

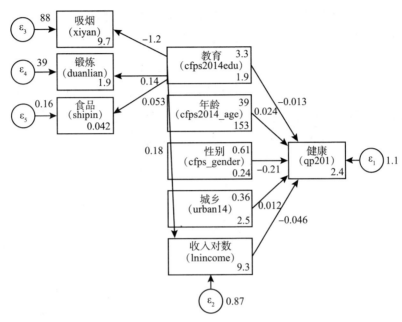

图 6 - 1　教育对健康外溢作用的结构方程模型（2014 年 CFPS 数据）

　　从分析结果可以看出：收入对健康的影响系数为 -0.046，因为这里选取的健康等级与收入是相反的，说明收入越高、健康状况越好。性别对健康的影响系数为 -0.21，同样表明女性的健康状况好于男性，性别的影响是最大的。年龄对健康的影响系数为 0.024，说明年纪越大、健康状况越差。收入、年龄和性别对健康有显著性的影响。而城乡的显著性不够，教育本身对健康没有显著性的直接作用，但是健康会显著地影响吸烟、锻炼和饮食，而这些无疑对健康有显著的作用。因此，可以看出教育并不是直接对健康起作用的。

表 6 – 21　　　　　　**教育对健康外溢作用的结构方程分析结果**

（2014 年 CFPS 数据）

（25957 observations with missing values excluded）

Endogenous variables

Observed：qp201 lnincome xiyan duanlian shipin

　　　　　Exogenous variables

Observed：cfps2014edu cfps2014_age cfps_gender urban14

Fitting target model：

Iteration 0：log likelihood = – 169357. 1

Iteration 1：log likelihood = – 169357. 1

Structural equation model　　　　　　Number of obs = 9178

Estimation method = ml

Log likelihood = – 169357. 1

健康 （qp201）	系数 （Coef.）	OIM 标准误 （OIM Std. Err.）	z 值 （z）	p 值 （P > z）	95% 置信 区间下限 （95% Conf.）	上限 （Interval）
结构 （Structural）						
健康 （qp201 < –）						
收入对数 （lnincome）	– 0. 0460796	0. 0121632	– 3. 79	0. 000	– 0. 069919	– 0. 0222402
教育 （cfps2014）edu	– 0. 0130911	0. 0086592	– 1. 51	0. 131	– 0. 0300629	0. 0038807
年龄 （cfps2014_age）	0. 0244546	0. 0009446	25. 89	0. 000	0. 0226032	0. 0263061
性别 （cfps_gender）	– 0. 2136208	0. 0234903	– 9. 09	0. 000	– 0. 2596609	– 0. 1675808
城乡 （urban14）	0. 0122005	0. 0069906	1. 75	0. 081	– 0. 0015008	0. 0259018
常数项 （_cons）	2. 356762	0. 1231937	19. 13	0. 000	2. 115307	2. 598217
收入对数 （lnincome < –）						
教育 （cfps2014edu）	0. 1756246	0. 0070388	24. 95	0. 000	0. 1618288	0. 1894205

续表

健康 （qp201）	系数 （Coef.）	OIM 标准误 （OIM Std. Err.）	z 值 （z）	p 值 （P > z）	95% 置信 区间下限 （95% Conf.）	上限 （Interval）
常数项 （_cons）	9.349005	0.0249815	374.24	0.000	9.300042	9.397968
吸烟 （xiyan < - ）						
教育 （cfps2014edu）	-1.196948	0.0706504	-16.94	0.000	-1.335421	-1.058476
常数项 （_cons）	9.719402	0.2507453	38.76	0.000	9.227951	10.21085
锻炼 （duanlian < - ）						
教育 （cfps2014edu）	0.1447895	0.0471331	3.07	0.002	0.0524103	0.2371687
常数项 （_cons）	1.939608	0.16728	11.59	0.000	1.611745	2.26747
食品 （shipin < - ）						
教育 （cfps2014edu）	0.0530836	0.0030467	17.42	0.000	0.0471122	0.0590549
常数项 （_cons）	0.041618	0.0108129	3.85	0.000	0.0204251	0.062811
方差（健康） （var(e. qp201)）	1.121077	0.0165492	—	—	1.089106	1.153986
方差（收入对数） （var(e. lnincome)）	0.8722527	0.0128761	—	—	0.8473776	0.8978579
方差（吸烟） （var(e. xiyan)）	87.87626	1.297217	—	—	85.37019	90.4559
方差（锻炼） （var(e. duanlian)）	39.11058	0.5773447	—	—	37.99521	40.25868
方差（食品） （var(e. shipin)）	0.1634151	0.0024123	—	—	0.1587548	0.1682122

Note：LR test of model vs. saturated：chi2 （21）= 3134.83，Prob > chi2 = 0.0000.

二、2016 年 CFPS 数据

模型的假设与前面相同，吸烟（smoke）、锻炼（exercise）、饮酒（drink）代表健康行为，它们受教育（用 cfps2016edu 表示）的影响，教育会通过这种机制对健康产生外溢作用。此外，收入（lnincome）是重要的影响因素，还有年龄（cfps_age）、性别（cfps2014_gender）和城乡（urban16）等影响因素，健康用自我评价（qp201）的方法，构建的模型见图 6-2，分析结果见表 6-22。

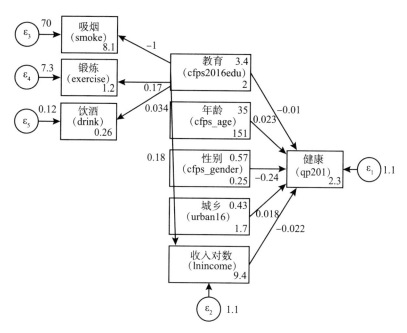

图 6-2　教育对健康外溢作用的结构方程模型（2016 年 CFPS 数据）

从 2016 年的 CFPS 分析结果可以看出：年龄和性别对健康有显著性的影响，年龄对健康的影响系数为 0.023，性别的影响系数最

大为 −0.24。而教育、收入和城乡的显著性不够，教育本身直接对健康没有显著性作用，教育对吸烟、锻炼和饮酒这些影响都是显著的，这些对健康都有明显的作用。因此，可以说教育并不是直接对健康起作用的，教育对健康行为产生作用，从而影响健康。

表 6 − 22　　　　　教育对健康外溢作用的结构方程分析结果

（2016 年 CFPS 数据）

（665 observations with missing values excluded）
Endogenous variables
Observed：qp201 lnincome smoke exercise drink
　　　　　　Exogenous variables
Observed：cfps2016edu cfps_age cfps_gender urban16
Fitting target model：
Iteration 0：log likelihood = −95809. 008
Iteration 1：log likelihood = −95809. 008
Structural equation model　　　　　　　　Number of obs = 5531
Estimation method = ml
Log likelihood = −95809. 008

健康 （qp201）	系数 （Coef.）	OIM 标准误 （OIM Std. Err.）	z 值 （z）	p 值 （P > z）	95% 置信 区间下限 （95% Conf.）	上限 （Interval）
结构 （Structural）						
健康 （qp201 < −）						
收入对数 （lnincome）	− 0. 0223928	0. 0139211	− 1. 61	0. 108	− 0. 0496777	0. 0048921
教育 （cfps2016edu）	− 0. 010334	0. 0110791	− 0. 93	0. 351	− 0. 0320488	0. 0113807
年龄 （cfps_age）	0. 0225123	0. 0012541	17. 95	0. 000	0. 0200542	0. 0249704
性别 （cfps_gender）	− 0. 2396904	0. 0297508	− 8. 06	0. 000	− 0. 2980009	− 0. 18138
城乡 （urban16）	0. 0178798	0. 0110318	1. 62	0. 105	− 0. 0037421	0. 0395017
常数项 （_cons）	2. 272308	0. 1458704	15. 58	0. 000	1. 986407	2. 558208

健康 （qp201）	系数 （Coef.）	OIM 标准误 （OIM Std. Err.）	z 值 （z）	p 值 （P > z）	95% 置信 区间下限 （95% Conf.）	上限 （Interval）
收入对数 （lnincome < -）						
教育 （cfps2016edu）	0.1811872	0.0099013	18.30	0.000	0.1617811	0.2005933
常数项 （_cons）	9.375535	0.0362063	258.95	0.000	9.304572	9.446498
吸烟 （smoke < -）						
教育 （cfps2016edu）	-1.004292	0.0786928	-12.76	0.000	-1.158528	-0.8500574
常数项 （_cons）	8.071757	0.2877589	28.05	0.000	7.50776	8.635754
锻炼 （exercise < -）						
教育 （cfps2016edu）	0.1737619	0.0253508	6.85	0.000	0.1240752	0.2234487
常数项 （_cons）	1.241026	0.0927013	13.39	0.000	1.059335	1.422718
饮酒 （drink < -）						
教育 （cfps2016edu）	-0.0339625	0.003296	-10.30	0.000	-0.0404226	-0.0275025
常数项 （_cons）	0.2614494	0.0120526	21.69	0.000	0.2378267	0.2850721
方差（健康） （var(e. qp201)）	1.141731	0.0217109	—	—	1.099962	1.185086
方差（收入对数） （var(e. lnincome)）	1.111299	0.0211322	—	—	1.070643	1.153498
方差（吸烟） （var(e. smoke)）	70.19718	1.334851	—	—	67.62908	72.86281
方差（锻炼） （var(e. exercise)）	7.28507	0.138531	—	—	7.018552	7.561709
方差（饮酒） （var(e. drink)）	0.1231473	0.0023417	—	—	0.1186421	0.1278237

Note：LR test of model vs. saturated：chi2（21）= 2553.04，Prob > chi2 = 0.0000.

三、2015 年 CHARLS 数据

同样的思路构建 2015 年 CHARLS 数据的结构方程模型，教育（bd001_w2_4）、性别（ba000_w2_3）、户口（bc002_w3_1）、年龄（age）和收入（lnincome）会影响健康（jiankangpingjia），而教育会影响锻炼（duanlian）和吸烟（xiyan）行为。其中健康也是用的自我评价，构建的结构方程模型见图 6－3，分析结果见表 6－23。

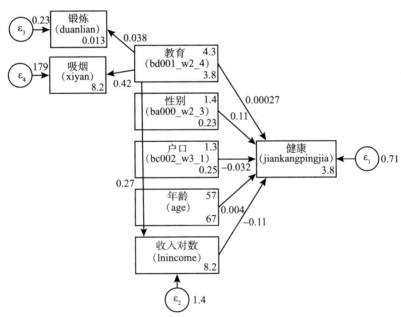

图 6－3　教育对健康外溢作用的结构方程模型

（2015 年 CHARLS 数据）

表 6 – 23　教育对健康外溢作用的结构方程分析结果（2015 年 CHARLS 数据）

（18368 observations with missing values excluded）

Endogenous variables

Observed：jiankangpingjia lnincome duanlian xiyan

　　　　　Exogenous variables

Observed：bd001_w2_4 ba000_w2_3 bc002_w3_1 age

Fitting target model：

Iteration 0：log likelihood = – 36136. 173

Iteration 1：log likelihood = – 36136. 173

Structural equation model　　　　　　Number of obs = 2509

Estimation method = ml

Log likelihood = – 36136. 173

健康 （jiankangpingjia）	系数 （Coef. ）	OIM 标准误 （OIM Std. Err. ）	z 值 （z）	p 值 （P > z）	95% 置信 区间下限 （95% Conf. ）	上限 （Interval）
结构 （Structural）						
健康 （jiankangpi ~ a < – ）						
收入对数 （lnincome）	– 0. 1134258	0. 0154611	– 7. 34	0. 000	– 0. 1437289	– 0. 0831227
教育 （bd001_w2_4）	0. 0002668	0. 0103246	0. 03	0. 979	– 0. 0199689	0. 0205026
性别 （ba000_w2_3）	0. 1113884	0. 0373181	2. 98	0. 003	0. 0382462	0. 1845306
户口 （bc002_w3_1）	– 0. 0321565	0. 0368563	– 0. 87	0. 383	– 0. 1043936	0. 0400805
年龄 （age）	0. 0040107	0. 0023753	1. 69	0. 091	– 0. 0006448	0. 0086662
常数项 （_cons）	3. 849173	0. 2504113	15. 37	0. 000	3. 358376	4. 33997
收入对数 （lnincome < – ）						
教育 （bd001_w2_4）	0. 2726719	0. 0121162	22. 50	0. 000	0. 2489246	0. 2964192

续表

健康 （jiankangpingjia）	系数 （Coef.）	OIM 标准误 （OIM Std. Err.）	z 值 （z）	p 值 （P > z）	95% 置信区间下限 （95% Conf.）	上限 （Interval）
常数项 （_cons）	8. 154591	0. 0568067	143. 55	0. 000	8. 043252	8. 26593
锻炼 （duanlian < - ）						
教育 （bd001_w2_4）	0. 0384147	0. 0049278	7. 80	0. 000	0. 0287563	0. 0480731
常数项 （_cons）	0. 0125702	0. 0231042	0. 54	0. 586	− 0. 0327131	0. 0578535
吸烟 （xiyan < - ）						
教育 （bd001_w2_4）	0. 4232931	0. 1361374	3. 11	0. 002	0. 1564688	0. 6901175
常数项 （_cons）	8. 247554	0. 6382805	12. 92	0. 000	6. 996547	9. 498561
方差（健康） （var(e. jiankangp ~ a)）	0. 7066151	0. 0199502	—	—	0. 6685756	0. 7468189
方差（收入对数） （var(e. lnincome)）	1. 416508	0. 039993	—	—	1. 340253	1. 497102
方差（锻炼） （var(e. duanlian)）	0. 2343147	0. 0066155	—	—	0. 2217007	0. 2476464
方差（吸烟） （var(e. xiyan)）	178. 8309	5. 049022	—	—	169. 2038	189. 0057

Note：LR test of model vs. saturated：chi2 （14） = 1352. 17，Prob > chi2 = 0. 0000.

    2015 年 CHARLS 数据得出的结论与前文基本一致。教育本身没有直接发挥作用，收入、年龄和性别对健康有显著的作用。收入的影响系数为 − 0. 11，年龄的影响系数为 0. 11，性别的影响系数为

0.27。教育可以显著地影响锻炼和吸烟，其中对于锻炼的影响系数为 0.038，对于吸烟的影响系数为 0.42。这里由于数据的处理方法不同，不一定适合用来比较谁的影响更大一些，但通过显著性的检验可以看出，教育对吸烟和锻炼的影响都是显著的，说明教育更多的是通过改变健康行为起作用的。

通过前文三年的数据得出分析结论：除了收入、年龄和性别以外，教育扮演了很重要的角色，教育并不是对健康直接起作用的，教育对吸烟、饮食和锻炼都有显著性作用，这种作用的主要机理就是教育的认知能力，能够判断什么样的行为对健康有益、并转化为行动，这些行为无疑对健康有显著的作用。因此，通过结构方程验证了教育对健康知识和健康行为有显著的作用，教育对健康的外溢作用很明显，健康对收入的提升作用没有验证。

第五节　母亲的教育水平对子代健康的影响

这里分析第二种机制，基本的原理为：母亲的教育水平高，对子女的健康有重要影响。作用机制为教育的认知能力，能够判定什么是健康的行为，从而提高子代健康水平。通常学者分析时，子代的健康主要用新生儿的健康来衡量。这里只采用 CFPS 数据，因为 2014 年 CFPS 数据中有子代出生时的体重，一般认为新生儿体重低于 5 斤为低体重儿。我们假设母亲的教育水平越高，新生儿为低体重儿的比例越低。另外，2016 年 CFPS 数据中还有新生儿妊娠月份的信息，一般认为妊娠周数少于 37 周的为早产儿，同样假设教育水平越高，早产儿的比例越小。因为母亲的教育水平高，有更高的认知能力，掌握更多的健康知识，所以新生儿为早产儿和低体重儿的比例越低。下面采用 2014 年 CFPS 数据和 2016 年 CFPS 数据分别给予分析。

一、2014 年 CFPS 数据

通过整理配对的母亲和孩子的样本，并去掉母亲教育水平缺失和子代出生体重信息缺失的样本，配对的母亲和成年子女 235 对；配对的母亲和未成年子女 1402 对。

母亲和成年子女 235 对，正常体重的子女 223 人，占 94.89%；低体重儿 12 人，占 5.11%。我们进一步根据母亲的教育水平统计：母亲不同教育水平下，正常体重儿和低体重儿的绝对数值和相对比重，分析结果见表 6-24。

母亲和未成年子女 1402 对，正常体重的子女 1326 人，占 94.58%；低体重儿 76 人，占 5.42%。我们进一步根据母亲的教育水平统计：母亲不同教育水平下、正常体重儿和低体重儿的绝对数值和相对比重，分析结果见表 6-25。

表 6-24　2014 年 CFPS 数据母亲教育与子代出生体重的关系

（子代为成人，低于 5 斤为低体重儿）

教育水平 （education）	正常体重儿	低体重儿	合计 （Total）
文盲/半文盲 （Illiterate/Semi-liter）	69（30.94%）	2（16.67%）	71（30.21%）
小学 （Primary school）	46（20.63%）	5（41.67%）	51（21.70%）
初中 （Junior high school）	45（20.18%）	2（16.67%）	47（20.00%）
高中 （Senior high school/se）	28（12.56%）	1（8.33%）	29（12.34%）

教育水平 （education）	正常体重儿	低体重儿	合计 （Total）
大专 （3 - year college）	2（0.90%）	1（8.33%）	3（1.28%）
大学本科 （4 - year college/Bachel）	2（0.90%）	0（0.00）	2（0.85%）
没必要读书 （No need to go to school）	31（13.90%）	1（8.33%）	32（13.62%）
合计 （Total）	223（94.89%）	12（5.11%）	235

从 2014 年 CFPS 数据母亲与成年子女的配对数据可以看出：母亲的教育水平是文盲和半文盲的，低体重儿所占比例为 16.67%，低于总体所占比例；母亲的教育水平是小学的，低体重儿所占比例为 41.67%，大大高于总体所占的比例；母亲的教育水平是初中的，低体重儿所占比例为 16.67%，低于总体所占比例；母亲的教育水平是高中的，低体重儿所占比例为 8.33%；母亲的教育水平是大专的，低体重儿所占比例为 8.33%；母亲的教育水平是本科的，低体重儿所占比例为 0；母亲认为没有必要读书的，低体重儿所占比例为 8.33%。与总体所占比例相比，可以基本看出，母亲的教育水平是小学的，新生儿是低体重的比例高于平均水平。

表 6 - 25　2014 年 CFPS 数据母亲教育与子代出生体重的关系

（子代为少儿，低于 5 斤为低体重儿）

教育水平 （education）	正常体重儿	低体重儿	合计 （Total）
文盲/半文盲 （Illiterate/Semi - liter）	106（7.99%）	15（19.74%）	121（8.63%）

续表

教育水平 （education）	正常体重儿	低体重儿	合计 （Total）
小学 （Primary school）	257（19.38%）	14（18.42%）	271（19.33%）
初中 （Junior high school）	510（38.46%）	23（30.26%）	533（38.02%）
高中 （Senior high school/se）	224（16.89%）	5（6.58%）	229（16.33%）
大专 （3 - year college）	123（9.28%）	2（2.63%）	125（8.91%）
大学本科 （4 - year college/Bachel）	64（4.83%）	2（2.63%）	66（4.71%）
硕士 （Master's degree）	4（0.30%）	0（0.00%）	4（0.29%）
没必要读书 （No need to go to school）	38（2.87%）	15（19.74%）	53（3.78%）
合计 （Total）	1326（94.58%）	76（5.42%）	1402（100%）

从 2014 年 CFPS 数据母亲与未成年子女的配对数据可以看出：母亲的教育水平是文盲和半文盲的，低体重儿所占比例为 19.74%，高于总体所占比例；母亲的教育水平是小学的，低体重儿所占比例为 18.42%，稍低于总体所占的比例；母亲的教育水平是初中的，低体重儿所占比例为 30.26%，低于总体所占比例；母亲的教育水平是高中的，低体重儿所占比例为 6.58%，低于总体所占比例；母亲的教育水平是大专的，低体重儿所占比例为 2.63%，低于总体所占比例；母亲的教育水平是本科的，低体重儿所占比例为 2.63%，低于总体所占比例；母亲的教育水平是硕士的，低体重儿所占比例

为 0，低于总体所占比例；母亲认为没有必要读书的，低体重儿所占比例为 19.74%，高于总体所占比例。与总体所占比例相比，可以清晰地看出：母亲的教育水平是文盲的和认为没有必要读书的，新生儿是低体重的比例高于平均水平。子女为少儿的，与子女是成人的相比，数据特点更为明显，母亲的教育程度太低，会影响新生儿的体重，会进一步影响孩子的健康。教育发挥了一定的作用，尤其是低教育水平的劣势作用很明显。

二、2016 年 CFPS 数据

2016 年的 CFPS 数据中少儿的问卷，不仅有出生的体重，还有妊娠的月份。因此，2016 年 CFPS 数据，我们只是选取了子代为少儿的进行分析。

分析母亲的教育水平和子代出生体重的关系，整理母亲和孩子的信息，去掉母亲教育水平缺失的样本和子代出生体重信息缺失的样本，配对的母亲和未成年子女 1271 对。其中正常体重的子女 1200 人，占 94.41%；低体重儿 71 人，占 5.59%。我们进一步根据母亲的教育水平统计：母亲不同教育水平下、正常体重儿和低体重儿的绝对数值和相对比重，分析结果见表 6 - 26。

表 6 - 26 **2016 年 CFPS 数据母亲教育与子代出生体重的关系**

(子代为少儿，低于 5 斤为低体重儿)

教育水平 (degree in CFPS2016)	正常儿	低体重儿	合计 (Total)
文盲/半文盲 (Less than primary sch)	106 (8.83%)	15 (21.13%)	121 (9.52%)

教育水平 （degree in CFPS2016）	正常儿	低体重儿	合计 （Total）
小学 （Primary school）	183（15.25%）	17（23.94）	200（15.74%）
初中 （Junior high school）	434（36.17%）	24（33.80%）	458（36.03%）
高中 （Senior high school）	205（17.08%）	8（11.27%）	213（16.76%）
大专 （3 - year college）	160（13.33%）	4（5.63%）	164（12.90%）
本科 （4 - year college）	104（8.67%）	3（4.23%）	107（8.42%）
硕士 （Master's degree）	8（0.67%）	0（0.00%）	8（0.63%）
合计 （Total）	1200（94.41%）	71（5.59%）	1271（100.00%）

从 2016 年 CFPS 数据母亲与未成年子女的配对数据中可以看出：母亲的教育水平是文盲和半文盲的，低体重儿所占比例为21.13%，高于总体所占比例；母亲的教育水平是小学的，低体重儿所占比例为23.94%，高于总体所占的比例；母亲的教育水平是初中的，低体重儿所占比例为33.80%，低于总体所占比例；母亲的教育水平是高中的，低体重儿所占比例为11.27%，低于总体所占比例；母亲的教育水平是大专的，低体重儿所占比例为5.63%，低于总体所占比例；母亲的教育水平是本科的，低体重儿所占比例为4.23%，低于总体所占比例；母亲的教育水平是硕士的，低体重儿所占比例为0，低于总体所占比例。与总体所占比例相比，这个趋势更加明显：母亲的教育水平是文盲的和初中的，新生儿是低体

重的比例高于平均水平。2016 年比 2014 年子女为少儿的数据特点更为明显，母亲的教育程度太低，会影响新生儿的体重，随着教育水平的提高，新生儿为低体重的比例下降，也就说明随着母亲教育的提高，新生儿的健康水平也会提高，可以说教育发挥了一定的作用，教育可以提高母亲的认知能力，从而提高子代的健康水平，可能会影响子代的收入。教育产生了一定的代际作用，尤其是低教育水平的劣势作用会很明显。

分析母亲和子代妊娠月份的关系，整理母亲和孩子的信息，去掉母亲教育水平缺失的样本和子代妊娠年份缺失的关系，配对的母亲和子女 1249 对，正常体重的子女 1187 人，占 95.04%；早产儿 62 人，占 4.96。我们进一步根据母亲的教育水平统计母亲不同教育水平下，正常儿和早产儿的绝对数值和相对比重，分析结果见表 6 – 27。

表 6 – 27 2016 年 CFPS 数据母亲教育与子代妊娠月份的关系

（子代为少儿，少于 9 月为早产）

教育水平 （degree in CFPS2016）	正常儿	早产儿	Total
文盲/半文盲 （Less than primary sch）	115（9.69%）	4（6.45%）	119（9.53%）
小学 （Primary school）	185（15.59%）	13（19.35%）	198（15.85%）
中学 （Junior high school）	426（35.89%）	23（37.10%）	449（35.95%）
高中 （Senior high school）	199（16.76%）	9（14.52%）	208（16.65%）
大专 （3 – year college）	155（13.06%）	7（11.29%）	162（12.97%）

教育水平 (degree in CFPS2016)	正常儿	早产儿	Total
本科 (4 - year college)	100（8.42%）	5（8.06%）	105（8.41%）
硕士 (Master's degree)	7（0.59%）	1（1.61%）	8（0.64%）
合计 (Total)	1187（95.04%）	62（4.96%）	1249（100%）

从表 6 - 27 中的数据中可以看出：母亲的教育水平是文盲和半文盲的，早产儿所占比例为 6.45%，低于总体所占比例；母亲的教育水平是小学的，早产儿所占比例为 13.95%，高于总体所占的比例；母亲的教育水平是初中的，早产儿所占比例为 37.10%，高于总体所占比例；母亲的教育水平是高中的，早产儿所占比例为 14.52%，低于总体所占比例；母亲的教育水平是大专的，早产儿所占比例为 11.29%，低于总体所占比例；母亲的教育水平是本科的，早产儿所占比例为 8.06%，低于总体所占比例；母亲的教育水平是硕士的，早产儿所占比例为 1.61%，高于总体所占比例。与总体所占比例相比，这个趋势也比较明显：母亲的教育水平是小学和初中的，早产儿的比例高于平均水平，随着教育水平的提高，早产儿的比例低于平均水平，说明教育水平的提高，会影响新生儿的健康。

本节分析了 CFPS 数据中母亲教育水平和子女健康之间的关系，探究了教育在代际传递中对健康的外溢作用。我们认为出生体重不足 5 斤的为低体重儿，妊娠月份低于 9 个月的为早产儿。分析了 2014 年 CFPS 数据中母亲教育水平与正常体重儿和低体重儿的关系，这里分为子女是成人的和子女是少儿的两种情形；以及 2016 年 CF-PS 数据中母亲教育水平与正常体重儿和低体重儿的关系，母亲教育水平与早产儿和正常孩子的关系，2016年的数据选择的都是子女是少儿的。得出的结论基本是一致的：母亲的教育水平越低，新生儿出现低体重儿和早产儿的比例会高于总体的水平；随着母亲教育水平的提高，新生儿出现低体重和早产儿的比例会下降，说明母亲的教育水平会影响新生儿的健康，从而进一步影响子代的健康和未来的收入。这是母亲的教育在代际流动中的又一个传递路径，尤其是母亲的教育水平太低，会有很明显的劣势作用。

第六节　本章结论

本章首先回顾了教育和健康的互动关系，为本章的研究奠定了理论基础，在这些理论的基础上，建立了本章的研究假设，认为教育和健康有显著的相关关系。教育会影响个体的健康行为，教育水平高的个体掌握的健康知识更多，并且能够将健康知识转化为健康行为，健康行为会影响个体的健康状况。实证研究部分使用2014年CFPS数据、2016年CFPS数据和2015年CHARLS数据进行分析，首先对教育和健康的相关性进行分析；如果相关性显著，然后进一步通过回归分析，研究教育对健康的影响；最后通过结构方程的方法，研究代际流动机制中教育对健康的影响机理。

教育和健康的相关性分析采用pwcorr方法，数据结果表明：教育和健康存在着显著的相关关系。从时间变化趋势上看，随着时间的变化，教育和健康的互动关系在减弱；从城乡的居住信息上看，非农村和农村户口的相关系数相差不大。

教育和健康的回归模型，采用逐步深入地构建模型的思路，首先构建基本模型：健康为因变量、教育为自变量，回归系数是教育对健康的影响程度，将三个数据的分析结果总结为表6-28。分析结果非常一致，教育对健康有显著的促进作用。加入年龄和性别这些控制变量后，教育的影响程度下降了，这些控制变量分散了教育的一部分作用。另外，加入收入后，发现教育的作用不太显著了，因为教育和收入是相互影响的，因此保留收入和一些控制变量，将教育去掉，用一些健康行为去替代，如吸烟、锻炼、饮酒等，用这些变量替代教育的目的是，不去直接评价教育对健康的作用，而是假设教育对这些健康行为有一定的促进作用，考察这些健康行为是否对健康产生一定的作用，同样将分析结果总结为表 6 - 29。表 6 - 30 是将收入去掉，只是考察健康行为和控制变量对健康的影响。从这两个表的数据基本可以判定：健康行为对健康产生了一定的促进作用。这样用结构方程方法深入分析教育对于健康行为产生的作用。

表 6 - 28　　　　　　　教育和健康基本模型的回归分析结果

数据	2014 年 CFPS 数据	2016 年 CFPS 数据	2015 年 CHARLS 数据
教育	- 0. 203 ***	- 0. 077 ***	- 0. 057 ***
p 值（Prob > F）	0. 000	0. 000	0. 000
样本数（个）	35135	5531	14799

注：*** 为 p < 0.01。

表 6 - 29　　教育和健康的回归模型分析结果（加入年龄和性别）

数据	2014 年 CFPS 数据	2016 年 CFPS 数据	2015 年 CHARLS 数据
教育	- 0. 056 *** ［0. 005］	- 0. 012 ［0. 011］	- 0. 038 *** ［0. 004］
年龄	0. 026 *** ［0. 000］	0. 023 *** ［0. 001］	0. 008 *** ［0. 001］

续表

数据	2014 年 CFPS 数据	2016 年 CFPS 数据	2015 年 CHARLS 数据
性别	− 0. 215 *** [0. 012]	− 0. 250 *** [0. 029]	0. 112 *** [0. 015]
p 值（Prob > F）	0. 000	0. 000	0. 000
样本数（个）	35135	5531	14612

注： *** 为 p < 0. 01；括号中的数字为标准误。

表 6 − 30　　吸烟、锻炼、食品、收入等对健康的影响分析

数据	2014 年 CFPS 数据	2016 年 CFPS 数据	2015 年 CHARLS 数据
吸烟	0. 003 [0. 003]	0. 002 [0. 002]	0. 003 * [0. 001]
锻炼	− 0. 006 [0. 004]	− 0. 020 *** [0. 005]	0. 025 [0. 034]
食品	0. 000	—	—
饮酒	—	− 0. 069 * [0. 041]	—
收入	− 0. 013 [0. 026]	− 0. 019 [0. 013]	− 0. 108 *** [0. 015]
年龄	0. 024 *** [0. 002]	0. 024 *** [0. 001]	0. 005 ** [0. 002]
性别	− 0. 200 *** [0. 054]	− 0. 232 *** [0. 032]	0. 147 *** [0. 042]
城乡	0. 029 ** [0. 015]	0. 021 ** [0. 010]	− 0. 044 [0. 034]
p 值（Prob > F）	0. 000	0. 000	0. 000
样本数（个）	1933	6196	2624

注： *** 为 p < 0. 01， ** 为 p < 0. 05， * 为 p < 0. 1；括号中的数字为标准误。

表 6 – 31　　　　　　吸烟、锻炼、食品等对健康的影响分析

数据	2014 年 CFPS 数据	2015 年 CHARLS 数据
吸烟	0.000 [0.002]	0.0062 [0.0032]
锻炼	− 0.010 *** [0.003]	0.041 [0.072]
食品	0.000	—
年龄	0.025 *** [0.001]	0.012 ** [0.0049]
性别	− 0.194 *** [0.035]	0.355 ** [0.09]
城乡	0.026 ** [0.011]	− 0.11 [0.724]
p 值（Prob > F）	0.000	0.000
样本数（个）	4528	2624

采用结构方程的分析结论为：除了收入、年龄和性别以外，教育扮演了重要的角色，教育并不是直接对健康产生作用的，教育会影响个体的吸烟、饮食和锻炼这些健康方面的行为，也就是教育对健康行为有显著性的作用，作用机理是通过教育的认知能力，能够判断什么样的行为对健康有益，并且有动力转化为健康行动，这些行动无疑对健康有显著的作用。因此，通过结构方程验证了教育对健康知识和健康行为有显著的促进作用，教育对健康的外溢作用很明显，健康对收入的提升作用没有验证。

本章还探究了母亲教育水平对新生儿健康之间的关系，探究教育在代际传递中对健康的外溢作用。新生儿的健康我们用低体重儿（不足 5 斤）和早产儿（妊娠月份低于 9 个月）与正常儿进行对比分析，通过整理 2014 年和 2016 年 CFPS 数据母亲教育水平与子代

出生体重和妊娠月份的数据，观察母亲不同教育水平下，新生儿正常体重儿和低体重儿的比例，以及新生儿早产与正常的比例，归纳总结母亲的教育水平对于新生儿健康的影响，得出的结论基本是一致的：母亲的教育水平越低，新生儿出现低体重儿和早产儿的比例会高于总体的水平；随着母亲教育水平的提高，新生儿出现低体重和早产儿的比例会下降，说明母亲的教育水平会影响新生儿的健康，从而进一步影响子代的健康和未来的收入。这是母亲的教育在代际流动中的又一个传递路径，尤其是母亲的教育水平太低，会有很明显的劣势作用。

因此，非常值得注意的是教育和健康存在的这种互动关系，并进一步影响下一代的教育和健康，教育通过健康起了代际作用，健康投资的不平等还会加剧收入分配的不均等。通过改进健康可以减少收入不平等的代际效应，通过教育改变健康不平等的加剧。从公共政策和理论的角度区分这些关系，并获得相对量化的估计很重要。因此，通过增加健康投资，可以缩小人力资本差距，减少收入分配的不均等。将这些理论应用于我国，验证我国的情形，对于解决我国收入分配不均等及提高居民的健康水平提供了一个新的研究视角，对于最优地分配有限的资源意义重大。

第七章

结论和政策建议

本书使用 2014 年 CFPS 数据、2016 年 CFPS 数据和 2015 年 CHRALS 数据，运用 Stata 软件验证教育在代际流动中所起的作用，并进一步探究教育在三个方面的作用路径：一是教育能提高父代的非认知能力，从而提升父代对子代人力资本投资的效率和水平；二是教育有婚姻中的匹配作用；三是教育对健康有外溢作用。这三个方面的分析均建立在西方学者的经典理论研究之上，模型的构建和研究假设借鉴了西方已有的研究，并结合了我国的实际情况。本章总结实证研究得出的结论，并根据结论提出相应的政策建议；最后给出研究的几点不足。

第一节　研 究 结 论

一、教育是很重要的代际传递机制，发挥了不可替代的作用

2014 年 CFPS 数据父代和子代的配对的样本是 774 对，2016 年

CFPS 数据父代和子代配对的样本是 478 对，2015 年 CHARLS 数据配对的样本是 1404 对。采用中间变量法中的"条件收入弹性"判断教育是否是代际流动机制。无论采用基本的模型、还是选用加入年龄项的方程或者是加入控制项的方程，每一个模型加入了教育变量后，代际收入弹性都下降了，说明教育是一个影响机制。

进一步用"布兰登分解方法"估计教育的影响程度。2014 年 CFPS 数据和 2016 年 CFPS 数据这两个数据中分别选用父代收入和家庭收入两种情形去估计，用父代收入计算的影响程度稍微大于用家庭收入计算的数值，总体上在 6%～18% 之间。2015 年 CHARLS 数据只用父代收入一种情形去衡量，得到教育的影响程度为 35% 左右。综合以上两种方法可以判断：教育是非常重要的影响机制。

二、父代教育的非认知能力对于子代的收入和学习成绩都有显著性的影响，在代际流动机制中扮演着最为重要的作用

采用结构方程的方法，分析两个方面的问题：

一是运用成人问卷，分析父代教育的非认知能力对子代收入的影响。2014 年 CFPS 数据配对的样本为 720 对，2016 年 CFPS 数据配对的样本为 452 对，2015 年 CHARLS 数据配对的样本为 655 对。验证了代际流动机制包括三个方面：第一是通过净资产（或家庭收入）提高子代人力资本投资，从而提高子代的收入；第二是教育的非认知能力，是通过父代的教育水平产生作用的，往往父代教育水平较高，会有更高的非认知能力，知道如何进行教育投资是最有效率的，在家中也可以通过有效的时间投资去提高子代的人力资本水平；第三是社会资本，即父代通过影响子代的工作选择去影响子代的收入。社会资本多半是通过父代的社会网络，可以帮助子代找到条件更好的工作，从而提高子代的收入水平，这方面的作用在验证

过程中，由于数据的来源不是很贴切，得出的影响效果比较小。2014 年 CFPS 数据验证了前两个流动机制，2016 年 CFPS 数据验证了这三个流动机制，2014 年 CFPS 数据验证了第一个流动机制。

二是运用少儿问卷，分析父代教育的非认知能力对子代学习成绩的影响。因为只有 CFPS 数据有少儿数据，因此这里选用 2014 年和 2016 年 CFPS 数据进行分析。少儿没有参加工作，没有收入的数据，我们用学习成绩去衡量，研究者们假设学习成绩高，未来会获得很好的工作，取得较高的收入。

CFPS 数据少儿问卷中有两种方法衡量孩子的学习成绩：一个是用孩子语文和数学的平均成绩；另一个是在班级的排名。假设父代通过三个机制去影响孩子的学习成绩：父代的收入会影响孩子的教育水平，主要是收入高的父母，在孩子身上的教育投入也高一些；父母的教育水平会影响孩子的教育投资，主要是通过父代的非认知水平，教育水平高的父母，会更为有效地投资孩子的教育，方式更为准确；还有就是父代会通过户口和关系，为孩子选择重点学校，通过学校的质量，提高孩子的学习成绩。综合两种衡量方法及两年的数据可以大致得出的主要结论为：父母的教育水平影响了父母的非认知能力，主要改变的是父母的教育行为、情绪行为、家庭关系和孩子读书的数量，这些会显著地影响孩子的学习成绩。

通过对子代的收入和对子代学习成绩两个方面的分析可以看出：父代教育的非认知能力对于子代的收入和学习成绩都有显著性的影响，在代际流动机制中扮演着最为重要的作用。

三、年轻人的婚姻中更注重教育的匹配程度，在城市中婚姻的教育匹配性更强一些

计算教育的相关性和收入的相关性，发现结论基本一致，可以

肯定教育在婚姻中的确有很明显的匹配作用，夫妻双方在婚姻中教育的相关性达到了 0.4 左右，收入也存在着非常稳定的相关性，从年龄的趋势上看，尤其是 CFPS 数据显示：年龄越轻，教育相关性越强。收入的相关性最强的是在中年的夫妻中，主要是中间年龄段的收入比较接近于一生的收入；从户口的分类上看，随着经济的发展，无论是城市还是农村，教育和收入的相关性都在增加，尤其是教育的相关性。说明人们在婚姻中现在比过去更加注重教育的对等和匹配。同时农村与城市相比，城市的教育相关性和收入相关性更大一些，这样会进一步加大收入的不平等，增强代际收入的保持性。

四、教育对健康有显著的外溢作用，教育的认知能力会形成健康行为

教育对健康的外溢作用主要分析了两个路径：

第一个路径是父代的教育对自身的健康有显著的促进作用。通过基本模型可以得出教育对健康的影响，加入年龄和性别这些控制变量后，教育的影响程度下降了，这些控制变量分散了教育的一部分作用。另外，加入收入后，发现教育的作用不太显著了，因为教育和收入是相互影响的，因此保留收入和一些控制变量，将教育去掉，用一些健康行为去替代，如吸烟、锻炼、饮酒、饮食等，用这些变量替代教育的目的是，不去直接评价教育对健康的作用，考察这些健康行为是否对健康产生一定的作用，结果发现健康行为对健康产生了一定的促进作用。因此，通过结构方程的方法，研究代际流动机制中教育对健康的影响机理。结构方程的分析结论为：除了收入、年龄和性别以外，教育扮演了重要的角色，教育并不是直接对健康产生作用的，教育会影响个体的吸烟、饮食和锻炼这些健康

方面的行为，也就是教育对健康行为有显著性的作用，作用机理是通过教育的认知能力，能够判断什么样的行为对健康有益，并且有动力转化为健康行动，这些行动无疑对健康有显著的作用。因此，通过结构方程验证了教育对健康知识和健康行为有显著的促进作用，教育对健康的外溢作用很明显，健康对收入的提升作用没有验证。

第二个路径是母亲教育水平对新生儿健康有外溢作用。通过整理 2014 年和 2016 年 CFPS 数据母亲教育水平与子代出生体重和妊娠月份的数据，观察母亲在不同教育水平下，新生儿中正常体重儿和低体重儿的比例，以及新生儿早产与正常的比例，归纳总结母亲的教育水平对于新生儿健康的影响。得出的结论基本是一致的：母亲的教育水平越低，新生儿中出现低体重儿和早产儿的比例会高于总体的水平；随着母亲教育水平的提高，新生儿中出现低体重儿和早产儿的比例会下降，说明母亲的教育水平会影响新生儿的健康，从而进一步影响子代的健康和未来的收入。这是母亲的教育在代际流动中的又一个传递路径，尤其是母亲的教育水平太低，会有很明显的劣势作用。

综合以上可以看出，教育在代际传递中扮演了很重要的角色，学者往往不能验证教育的纯因果关系，主要是教育的作用更多地体现为教育能够实质性地提高认知和非认知能力，产生很多方面的外溢作用，因此教育的代际流动机制不容忽视。

第二节　政　策　建　议

中国开始出现阶层固化现象，"寒门再难出贵子"、收入差距加大、阶层固化成为人们热议的话题。近些年，高等教育的扩招，似乎并没有使教育资源平均分配。统计数据表明，优秀大学的农村学生比例下降。"知识改变命运"，通过学者的研究教育仍然是促进代际流动性中非常有效的机制。教育在社会阶层分化和代际流动中扮演着十分重要的作用。总体来看，促进教育机会公平，缩小教育差距是促进个人向上流动的有效政策手段。

实证研究表明：教育可以很实质性地提高父母的认知能力和非认知能力，因此提高教育水平可以从多角度增强代际的流动性。教育在代际流动机制方面的研究有着很强的政策建议，主要体现为家庭教育改善及公共投资两个方面。

一、从家庭教育层面上

提高父母的教育水平或者是通过提高父母的认知和非认知能力，实施家庭早期的干预项目；尤其是对于劣势孩子的关注和资助，促进更大的家庭稳定性，加强早期教育的公平性。如果弱势家庭的子女能够获得更好的早期教育，那么家庭背景差异导致的学龄前教育不平等将被弱化，先天禀赋更高的孩子将拥有更多的机会。重视对各阶段的教育和健康投资，尤其是儿童早期的教育和健康投资，提高在 0 ~ 5 岁儿童时期的保育支出、6 ~ 11 岁儿童时期的公共教育支出。家庭不仅要注重对子女教育和健康的投资，更要重视对子女的时间投入。应从人力资本代际投资的动机及形式上来弱化代际间的相关性。当然，如果公共教育支出能够缓解贫困阶层的家庭教育支出负担，则父母的经济压力就会相应的减小，对子女的时间投入也会增多。

二、从公共教育层面上

调整公共教育支出结构，加大基础教育的支出份额。我国基础教育经费占社会总产值的比例偏低，而高等教育经费占比却几乎全球最高。基础教育阶段财政投入具有起点公平的意义，该阶段的财政投入，往往比不平等结果产生之后再进行干预更有效率。因此，应加大基础教育阶段的财政投入，贯彻落实义务教育，有助于提高社会代际收入流动性，促进社会代际收入公平。

公共政策对低收入家庭应有所倾斜，完善奖助学金体制，为人力资本投资提供更为完善的金融信贷市场环境，让更多寒门学子有机会实现经济社会地位的跃升；同时，向农村地区、边远贫困地区、民族地区倾斜，扶持弱势群体。

普及九年义务教育之外的中高等教育，弱化中等教育和初等教育的精英主义导向，实现大众化素质教育。通过教育大众化提高全民终身教育水平和平均受教育年限。政府应该促进教育的机会公平和社会公平政策，对于提高代际的平等有很重要和深远的作用。

第三节　研究不足

本书从教育的本质出发，试图解开教育在代际流动机制中的具体路径。在西方经典的关于教育的理论里发掘了教育的人力资本作用、教育的非认知能力作用、教育的婚姻匹配作用和教育对健康的外溢作用，并将这些作用分别给予了验证。但是，本书的研究不足在于：（1）在数据的选取上采用 2014 年 CFPS 数据、2016 年 CFPS 数据和 2015 年 CHARLS 数据，虽然选取了两个不同的数据库、三个年份，但对于数据中收入的处理感觉还不够细致，即使采取了同样的数据处理方法 2014 年和 2016 年 CFPS 数据中一些结论依然差距较大。2016 年 CFPS 数据中有相当一部分样本是新的，可以考虑专门追踪这个数据库的基因样本，因为这些样本是长期跟踪的，对于收入等一些变量的数据比较准确。（2）本书分几章分别探讨了教育的作用，没有将这些作用放到一个大的研究框架中去分析。其实，也尝试将这几个作用放到一个结构方程中去验证，但由于样本数量不够，没有成功地获得分析的结果。这样每个结论都是相对孤立的，虽然可以分别得出每个作用的大小，但不能在一个大的框架中去比较具体作用的大小。（3）在数据的处理上，不同变量的等级不同，一些研究只是简单的分级，例如对于健康的分级、对于收入的分级，这样得出的影响系数并不适合横向的比较。这些都可以在后续的研究中去完善和改进。

参 考 文 献

[1] 蔡伟贤，陈浩禹. 代际流动性对社会公平影响的实证研究[J]. 统计研究，2015，32（7）：51 – 56.

[2] 陈杰，苏群，周宁. 农村居民代际收入流动性及传递机制分析[J]. 中国农村经济，2016，（3）：36 – 53.

[3] 陈杰，苏群. 中国代际收入流动性趋势分析：1991—2011[J]. 安徽师范大学学报（人文社科版），2015，（6）：769 – 775.

[4] 陈琳，袁志刚. 授之以鱼不如授之以渔？——财富资本、社会资本、人力资本与中国代际收入流动[J]. 复旦学报（社会科学版），2012，（4）：99 – 113.

[5] 陈琳. 促进代际收入流动：我们需要怎样的公共教育——基于 CHNS 和 CFPS 数据的实证分析[J]. 中南财经政法大学学报，2015，（3）：27 – 33.

[6] 陈钊，陆铭，佐藤宏. 谁进入了高收入行业？——关系、户籍与生产率的作用[J]. 经济研究，2009，（10）：121 – 132.

[7] 邸玉娜. 代际流动、教育收益与机会平等——基于微观调查数据的研究[J]. 经济科学，2014，（1）：65 – 74.

[8] 丁岚，祁杨杨. 高学历人群代际流动性的阶段解析——基于 CGSS 及 CLDS 数据[J]. 大学教育科学，2018，172，（6）：41 – 48，124.

[9] 段义德. 财政支出促进教育公平的作用机制分解及验证——

基于 CHIP2013 数据的分析 [J]. 四川师范大学学报（社会科学版），2018，229（4）：96 – 104.

[10] 方鸣，应瑞瑶. 中国农村居民代际收入流动性研究 [J]. 南京农业大学学报（社会科学版），2010，（2）：14 – 18.

[11] 高艳云，王曦璟. 中国代际收入流动特点及变迁——基于收入分布分解的视角 [J]. 财经科学，2017，（1）：83 – 92.

[12] 郭丛斌，闵维方. 中国城镇居民教育与收入代际流动的关系研究 [J]. 教育研究，2007，（5）：3 – 14.

[13] 郭丛斌，闵维方. 教育：创设合理的代际流动机制——结构方程模型在教育与代际流动关系研究中的应用 [J]. 教育研究，2009，（10）：5 – 12.

[14] 何石军，黄桂田. 代际网络、父辈权力与子女收入——基于中国家庭动态跟踪调查数据的分析 [J]. 经济科学，2013，（4）：19 – 32.

[15] 贺尊，汪小勤. 文凭信号的甄别与度量 [J]. 经济学家，2005，（3）：126 – 128.

[16] 乐志强. 高等教育促进代际流动的作用——基于"读书无用论"现象的思考 [J]. 北京社会科学，2018，186（10）：91 – 101.

[17] 李锋亮，丁小浩. 学用结合状况对毕业生起薪的影响 [J]. 北京大学教育评论，2005，3（4）：50 – 54.

[18] 刘文，沈丽杰. 国际视野中的人力资本代际投资研究 [J]. 山东社会科学，2016，（11）.

[19] 刘志国，范亚静. 教育的代际流动性影响因素分析 [J]. 教育科学，2013，29（1）：1 – 5.

[20] 刘志国，范亚静. 教育与居民收入代际流动性的关系研究 [J]. 统计与决策，2014，（22）：101 – 105.

[21] 龙翠红，王潇. 中国代际收入流动性及传递机制研究 [J].

华东师范大学学报（哲学社会科学版），2014，（5）：156-164.

　　[22] 卢盛峰，陈思霞，张东杰．教育机会、人力资本积累与代际职业流动——基于岳父母/女婿配对数据的实证分析 [J]．经济学动态，2015，（2）：19-32.

　　[23] 罗纳德．G. 伊兰伯格，罗伯特．S. 史密斯．现代劳动经济学理论与公共政策 [M]．北京：中国人民大学出版社，2011，11.

　　[24] 孙三百，黄薇，洪俊杰．劳动力自由迁移为何如此重要？—基于代际收入流动的视角 [J]．经济研究，2012，（5）：147-158.

　　[25] 谭远发．父母政治资本如何影响子女工资溢价："拼爹"还是"拼搏"？[J]．管理世界，2015，（3）：22-33.

　　[26] 王处辉，朱焱龙．高等教育获得与代际流动：机制、变迁及现实 [J]．中南大学学报（社会科学版），2015，（2）：174-181.

　　[27] 王海港．中国居民收入分配的代际流动 [J]．经济科学，2005，（2）：18-25.

　　[28] 王婷，李科宏．家庭背景对城镇居民收入差距的影响与贡献——基于代际流动模型的 Shapley 值分解 [J]．云南财经大学学报，2018，（8）：40-53.

　　[29] 王学龙，杨文．精英主义教育体系对代际流动的消极影响 [J]．经济经纬，2016，（4）：115-120.

　　[30] 吴昆．迈克尔·斯彭斯及其信号经济理论——2001 年度诺贝尔经济学奖得主学术贡献评介之二 [J]．经济学动态，2001，（10）：10-14.

　　[31] 徐俊武，易祥瑞．增加公共教育支出能够缓解"二代"现象吗？——基于 CHNS 的代际收入流动性分析 [J]．财经研究，2014，40（11）：17-28.

　　[32] 徐俊武，张月．子代受教育程度是如何影响代际收入流

动性的？——基于中国家庭收入调查的经验分析 [J]. 上海经济研究，2015，（10）.

[33] 徐晓红. 中国城乡居民收入差距代际传递变动趋势：2002-2012 [J]. 中国工业经济，2015，（3）：5-17.

[34] [美] 雅各布·明塞尔，张凤林译. 人力资本研究 [M]. 北京：中国经济出版社，2001，9.

[35] 阳义南，连玉君. 中国社会代际流动性的动态解析——CGSS 与 CLDS 混合横截面数据的经验证据 [J]. 管理世界，2015，（4）.

[36] 杨娟，周青. 增加公共教育经费有助于改善教育的代际流动性吗？[J]. 北京师范大学学报（社会科学版），2013，（2）：16-17.

[37] 杨瑞龙，王宇锋，刘和旺. 父亲政治身份、政治关系和子女收入 [J]. 经济学（季刊），2010，9（3）：871-890.

[38] 杨新铭，邓曲恒. 中国城镇居民收入代际传递机制——基于2008年天津微观调查数据的实证分析 [J]. 南开经济研究，2017，（1）.

[39] 杨中超. 我国高等教育扩张对教育代际传递的影响研究 [J]. 大连理工大学学报（社会科学版），2017，38（1）：119-125.

[40] 姚先国，赵丽秋. 中国代际收入流动与传递路径研究：1989~2000 [C]. 2007.

[41] 尹恒，李实，邓曲恒. 中国城镇个人收入流动性研究 [J]. 经济研究，2006，（10）：30-43.

[42] 于洪霞，张森，赵树贤. 社区环境与教育代际流动的多水平分析 [J]. 北京大学教育评论，2016，14（1）：126-141.

[43] 张桂金，张东，周文. 多代流动效应：来自中国的证据 [J]. 社会，2016，36（3）：216-240.

[44] 张雪，张磊. 课外教育支出与学生的教育成果——基于

CFPS 微观数据的实证研究 [J]. 经济科学，2017，(4)：96 - 110.

[45] 赵成. 高等教育人力资本信号传递机制略论 [J]. 高等教育研究，2005，(3)：44 - 47.

[46] 赵红霞，高永超. 教育公平视角下我国教育代际流动及其影响因素研究 [J]. 教育研究与实验，2016，(1)：28 - 32.

[47] 周波，苏佳. 财政教育支出与代际收入流动性 [J]. 世界经济，2012，(12)：41 - 61.

[48] 周金燕. 教育是中国社会的"平等器"吗？——基于 CHNS 数据的实证分析 [J]. 复旦教育论坛，2015，(2).

[49] 周兴，张鹏. 代际间的收入流动及其对居民收入差距的影响 [J]. 中国人口科学，2013，(5)：50 - 59.

[50] 卓玛草，孔祥利. 农民工代际收入流动性与传递路径贡献率分解研究 [J]. 经济评论，2016，(6)：123 - 135.

[51] 邹薇，郑浩. 贫困家庭的孩子为什么不读书：风险、人力资本代际传递和贫困陷阱 [J]. 经济学动态，2014，(6)：16 - 31.

[52] Abbott, B. , Giovanni Gallipoli, Costas Meghir, and Giovanni L. Violante. Education Policy and Intergenerational Transfers in Equilibrium [J]. NBER Working Paper No. 18782. February, 2013.

[53] Adler, N. E. , Boyce, T. , Chesney, M. A. , Cohen, S. , Folkman, S. , & Kahn, R. L. , et al. Socioeconomic Status and Health. The Challenge of the Gradient [J]. American Psychologist, 1994, 49 (1)：15 - 24.

[54] Aizer A. , Stroud L. Education, Knowledge and the Evolution of Disparities in Health [J]. NBER Working Paper No. 15840, 2010.

[55] Altindag, Duha, C. Cannonier, and N. Mocan. The impact of education on health knowledge [J]. Economics of Education Review, 2010, 30 (5)：792 - 812.

［56］Angrist J. , D. Autor S. Hudson, and A. Pallais. Leveling up: early results from a randomized evaluation of post-secondary Aid ［J］. NBER Working Paper No. 20800, 2014.

［57］Arendt, J. N. Does education cause better health? A panel data analysis using school reforms for identification ［J］. Economics of Education Review, 2005, 24 （2）: 1 – 160.

［58］Becker, Gary S. , and Mulligan, Casey B. The Endogenous Determination of Time Preference ［J］. Quarterly Journal of Economics, 1997, 112 （3）: 729 – 758.

［59］Becker, Gary S. Human Capital: A Theoretical and Empirical Analysis, with Special Reference to Education ［M］. Third Edition, The University of Chicago Press, 1964.

［60］Becker, G. S. , and N. Tomes. An Equilibrium Theory of the Distribution of Income and Intergenerational Mobility ［J］. Journal of Political Economy, 1979, 87 （6）: 1153 – 1189.

［61］Becker, G. S. , and N. Tomes. Human Capital and the Rise and Fall of Families ［J］. Journal of Labor Economics, 1986, （4）: S1 – S39.

［62］Belfield, C. R. , Economic Principles for Education: Theory and Evidence ［C］. （Cheltenham, Edward Elgar）, 2000.

［63］Belley, Philippe, and Lance Lochner. The Changing Role of Family Income and Ability in Determining Educational Achievement ［J］. Journal of Human Capital, 2007, 1 （1）: 37 – 89.

［64］Berger, Mark C. and J. Paul Leigh. Schooling, Self – Selection, and Health ［J］. The Journal of Human Resources, 1989, 24 （3）: 433 – 455.

［65］Berkman, Lisa F. The Role of Social Relations in Health Promotion [J]. Psychosomatic Medicine, 1995, 57 (3): 245 - 254.

[66] Black, S., Devereux, P., Salvanes, K. G. Why the apple doesn't fall far: understanding intergenerational transmission of human capital [J]. American Economic Review, 2005, 95: 437 - 449.

[67] Blanden, J., and P. Gregg. Family Income and Educational Attainment: a Review of Approaches and Evidence for Britain [J]. Oxford Review of Economic Policy, 2004, 20 (2): 245 - 263.

[68] Blanden, J., Gregg, P., & Macmillan, L. Accounting for Intergenerational Income Persistence: Noncognitive Skills, Ability and Education [J]. The Economic Journal, 2007, 117 (519): C43 - C60.

[69] Blanden, J. O., & Gregg, P. Family income and educational attainment: a review of approaches and evidence for Britain [J]. Oxford Review of Economic Policy, 2004, 20 (2): 245 - 263.

[70] Blanden, J. o. Essays on Intergenerational Mobility and Its Variation Over Time, Place and Family Structure [D]. Ph. D. Thesis, University College, London, 2005.

[71] Boserup, S. H., W. Kopczuk, and C. T. Kreiner. Born with a Silver Spoon? Danish Evidence on Wealth Inequality in Childhood [J]. NBER Working Paper No. 22549, 2016.

[72] Bowles, S., & Gintis, H. The inheritance of inequality [J]. Journal of Economic Perspectives, 2002, 16 (3): 3 - 30.

[73] Bowles, S. A. School and district intervention: a decision-making framework for policymakers [J]. 2002.

[74] Brown, M., J. K. Scholz, and A. Seshadri. A new test of borrowing constraints for education [J]. Review of Economic Studies, 2012, 79 (2): 511 - 538.

[75] Cameron S. V., and C. Taber. Estimation of educational bor-

rowing constraints using returns to schooling [J]. Journal of Political Economy, 2004, 112 (1): 132 – 182.

[76] Carneiro, P. and J. J. Heckman. The Dynamics of Educational Attainment for Black, Hispanic, and White Males [J]. Journal of Political Economy, 2001, 109: 455 – 499.

[77] Carneiro, P. and J. J. Heckman. The evidence on credit constraints in post – secondary schooling [J]. Economic Journal, 2002, 112 (482): 705 – 734.

[78] Caucutt, E. , L. Lochner and Y. Park. Correlation, Consumption, Confusion, or Constraints: Why Do Poor Children Perform So Poorly? [J]. NBER Working Paper No. 21023, 2015.

[79] Caucutt, E. and L. J. Lochner. Borrowing constraints on families with young children [J]. In Innovation in Education. Cleveland: Federal Reserve Bank of Cleveland, 2006, 39 – 48.

[80] Caucutt, E. and L. Lochner. Early and late human capital investments, borrowing constraints, and the family [J]. NBER Working Paper No. 18493, 2012.

[81] Chadwick, Laura, and Solon, Gary. Intergenerational Income Mobility among Daughters [J]. American Economic Review, 2002, 92: 335 – 344.

[82] Chadwick, Laura, Solon Gary. Intergenerational Income Mobility Among Daughters [J]. American Economic Review, 2002, 92 (1): 335 – 344.

[83] Chou, Shin-Yi, Jin-Tan Liu, Michael Grossman, and Theodore J. Joyce. Parental Education and Child Health: Evidence from a Natural Experiment in Taiwan [J]. American Economic Journal: Applied Economics, 2010, 2 (1): 33 – 61.

［84］ Christenson, B. and Johnson N. Educational Inequality in Adult Mortality: An Assessment with Death Certificate Data from Michigan ［J］. Demography, 1995, 32 (2): 215 - 229.

［85］ Clark, Damon and Heather Royer. The Effect of Education on Adult Health and Mortality: Evidence from Britain ［J］. NBER Working Paper 16013, 2010.

［86］ Clark, G. The Son Also Rises: Surnames and The History of Social Mobility ［M］. Princeton University Press, 2014.

［87］ Cobb, S. Social support as a moderator of life stress ［J］. Psychosomatic Medicine, 1976, 138 (5): 300 - 314.

［88］ Conti, Gabriella, James Heckman and Sergio Urzua. The Education-Health Gradient ［J］. American Economic Review: Papers & Proceedings, 2010, 100: 234 - 238.

［89］ Cunha, F. , J. J. Heckman, L. Lochner, and D. V. Masterov. Interpreting the evidence on life cycle skill formation ［M］. In E. Hanushek and F. Welch (Eds.), Handbook of the Economics of Education, Volume 1, Chapter 12, pp. 697 - 812. Amsterdam: Elsevier, 2006.

［90］ Cunha, F. and J. Heckman. The technology of skill formation ［J］. American Economic Review, 2007, 97 (2): 31 - 47.

［91］ Cunha, F. Gaps in early investments in children ［C］. Working Paper, University of Pennsylvania, 2014.

［92］ Cunha F. , I. Elo, and J. Culhane. Eliciting maternal expectations about the technology of cognitive skill formation ［J］. NBER Working Paper No. 19144, 2013.

［93］ Currie, J. and E. Moretti. Mother's Education and the Intergenerational Transmission of Human Capital: Evidence from College

Openings [J]. The Quarterly Journal of Economics, 2003, 118 (4): 1495 – 1532.

[94] Currie, Janet. Healthy, Wealthy, and Wise: Socioeconomic Status, Poor Health in Childhood, and Human Capital Development [J]. Journal of Economic Literature, 2009, 47 (1): 87 – 122.

[95] Cutler, D. and A, Lleras-Muney. Understanding differences in health behaviors by education [J]. Journal of Health Economics, 2010, 29 (1): 1 – 28.

[96] Cutler, D. M. , and A. Lleras-Muney. Education and Health: Evaluating Theories and Evidence [J]. National Bureau of Economic Research Working Paper 12352, 2006.

[97] Cutler, David M. and Adriana Lleras-Muney. Education and Health: Insights from International Comparisons [J]. NBER Working Papers, 2012 (January 2016).

[98] Cutler, David M. , Adriana Lleras-Muney, and Tom Vogl. Socioeconomic Status and Health: Dimensions and Mechanisms [J]. NBER Working Paper No. 14333 September, 2008.

[99] Deaton, Angus, Christina Paxson. Mortality, Income, and Income Inequality Over Time in Britain and the United States [J]. NBER Working Paper No. 8534, 2001.

[100] Dizon – Ross, R. Parents' perceptions and children's education: Experimental evidence from Malawi [C]. Working Paper, 2014.

[101] Doyle O. , C. Harmon, J. J. Heckman, C. Logue, and S. Moon. Measuring investment in human capital formation: an experimental analysis of early life outcomes [J]. NBER Working Paper No. 19316, 2013.

[102] Duncan, G. J. and A. J. Sojourner. Can intensive early child-

hood intervention programs eliminate income-based cognitive and achievement gaps? [J]. Journal of Human Resources, 2013, 48 (4): 945 – 968.

[103] Edwards, Ryan D. Health, Income, and the Timing of Education Among Military Retirees [J]. NBER Working Paper No. 15778 February, 2010.

[104] Eide E. R, Showalter M H. Factors Affecting the Transmission of Earnings across Generations: A Quantile Regression Approach [J]. Journal of Human Resources, 1999, 34 (2): 253 – 267.

[105] Elo, I. T. and S. H. Preston. Educational differentials in mortality: United States, 1979 – 1985 [J]. Social Science & Medicine, 1996, 42 (1): 47.

[106] Fan, Xiaodong, Hanming Fang, and S. Markussen. Mothers' Employment and Children's Educational Gender Gap [J]. NBER Working Paper No. 21183, 2015.

[107] Farrell, Phillip, and Victor R. Fuchs. Schooling and health: The cigarette connection [J]. Journal of Health Economics, 1982, 1 (3): 1 – 230.

[108] Fernandez, Raquel and Richard Rogerson. Sorting and Long – Run Inequality [J]. The Quarterly Journal of Economics, 2001, 116 (4): 1305 – 1341.

[109] Fernandez, Raquel. Sorting, Education and Inequality [J]. NBER Working Paper No. 8101, 2001.

[110] Fuchs, Victor R. July. Time Preference and Health: An Exploratory Study [J]. NBER Working Paper No. 539, 1982.

[111] Gertler P. , J. Heckman, R. Pinto, A. Zanolini, C. Vermeersch, S. Walker, S. M. Chang, and S. Grantham-McGregor. Labor market returns to early childhood stimulation: a 20 – year follow up to an

experimental intervention in Jamaica [J]. NBER Working Paper No. 19185, 2013.

[112] Goldman, D. P. and J. P. Smith. Can patient self-management help explain the SES health gradient? [J]. Proceedings of the National Academy of Sciences of the United States of America, 2002, 99 (16): 10929 – 10934.

[113] Grossman, M. On the Concept of Health Capital and the Demand for Health [J]. Journal of Political Economy, 1972, 80 (2): 223 – 255.

[114] Grossman, M. The Correlation between Health and Schooling [J]. NBER Working Papers, 2006: 147 – 224.

[115] Grossman, Michael. The Relationship between Health and Schooling: Presidential Address [J]. Eastern Economic Journal, 2008, 34 (3): 281 – 92.

[116] Guasch J. Luis and Weiss Andrew. Wages as Sorting Mechanisms in Competitive Markets with Asymmetric Information: A Theory of Testing [J]. The Review of Economic Studies, 1980, 47 (4): 653 – 664.

[117] Guryan J., Jacob B., Klopfer E., et al. Using technology to explore social networks and mechanisms underlying peer effects in classrooms [J]. Dev Psychol, 2008, 44 (2): 355 – 364.

[118] Heckman, James J., Jora Stixrud, and Sergio Urzua. The Effects of Cognitive and Noncognitive Abilities on Labor Market Outcomes and Social Behavior [J]. Journal of Labor Economics, 2006, 24 (3): 411 – 482.

[119] Heckman, James J. and Lakshmi K. Raut. Intergenerational Long Term Effects of Preschool – Structural Estimates from a Discrete Dynamic Programming Model [J]. NBER Working Paper No. 19077,

May, 2013.

[120] Hoxby C. , and S. Turner. What high-achieving low-income students know about college [J]. NBER Working Paper No. 20861, 2015.

[121] Iannelli C. Educational Expansion and Social Mobility: The Scottish Case [J]. Social Policy & Society, 2011, 10 (2): 251 – 264.

[122] Jackson C. K. , R. Johnson and C. Persico. The effect of school finance reforms on the distribution of spending, academic achievement, and adult outcomes [J]. NBER Working Paper No. 20118, 2014.

[123] Jackson C. K. , R. Johnson, and C. Persico. The effects of school spending on educational and economic outcomes: evidence from school finance reforms [J]. NBER Working Paper No. 20847, 2015.

[124] Johnson, Rucker C. The Health Returns of Education Policies from Preschool to High School and Beyond [J]. American Economic Review, 2010, 100 (2): 188 – 194.

[125] Kane, Thomas J. Rising Public College Tuition and College Entry: How Well Do Public Subsidies Promote Access to College? [J]. NBER working paper 5164, 1995.

[126] Kautz, Tim, James J. Heckman, Ron Diris, Bas ter Weel, and Lex Borghans. Fostering and Measuring Skills: Improving Cognitive and Non – Cognitive Skills to Promote Lifetime Success [J]. NBER Working Paper No. 20749, December 2014, Revised April 2015.

[127] Keane, Michael P. and Kenneth I. Wolpin. The effect of parental transfers and borrowing constraints on educational attainment [J]. International economic review, 2001, 42 (4): 1051 – 1103.

[128] Kearney, Melissa S. and Phillip B. Levine. Income Inequali-

ty, Social Mobility, and the Decision to Drop Out of High School [J]. NBER Working Paper No. 20195 June, 2014.

[129] Kenkel D. S. Health Behavior, Health Knowledge and Schooling [J]. Journal of Political Economy, 1991, 99 (2): 287 –305.

[130] Kitagawa, Evelyn M. , and P. M. Hauser. Differential Mortality in the United States: A Study in Socioeconomic Epidemiology [M]. Cambridge, Mass: Harvard University Press, 1973.

[131] Kremer Michael. How Much Does Sorting Increase Inequality? [J]. Quarterly Journal of Economics, 1997, 112 (1): 115 –139.

[132] Lee, S. Y. and A. Seshadri. On the integenerational transmission of economic status [C]. Working Paper, 2014.

[133] Leigh, J. , and Dhir, Rachna. Schooling and Frailty Among Seniors [J]. Economics of Education Review, 1997, 16 (1): 45 –57.

[134] Leight, J. , and Elaine M. Liu. Maternal Education, Parental Investment and Non – Cognitive Skills in Rural China [J]. NBER Working Paper No. 22233, 2016.

[135] Leslie, L. L. Changing Patterns in Student Financing of Higher Education [J]. Journal of Higher Education, 1984, 55: 33 –46.

[136] Lleras – Muney, Adriana. The Relationship Between Education and Adult Mortality in the United States [J]. Review of Economic Studies, 2005, 72 (1): 189 –221.

[137] Lochner, Lance J. and Alexander Monge-Naranjo, The Nature of Credit Constraints and Human Capital [J]. American Economic Review, 2011, 101 (6): 2487 –2529.

[138] Lochner, Lance and Alexander Monge-Naranjo. Student Loans and Repayment: Theory, Evidence and Policy [J]. NBER Working Paper No. 20849, January, 2015.

[139] Lofstrom, Magnus. A Comparison of the Human Capital and Signaling Models: The Case of the Self – Employed and the Increase in the Schooling Premium in the 1980's [C]. IZA Discussion Paper No. 160, June 2000.

[140] Loh Eng Seng. Employment Probation as a Sorting Mechanism [J]. Industrial and Labor Relations Review, 1994, 47 (3): 471 – 486.

[141] Loken, Katrne V. Family income and children's education: Using the Norwegian oil boom as a natural experiment [J]. Labour Economics, 2010, 17: 118 – 129.

[142] Lucas, Robert E. B. , Sari Pekkala Kerr. Intergenerational income immobility in Finland: contrasting roles for parental earnings and family income [J]. Journal of Population Economics, 2013, 26 (3): 1057 – 1094.

[143] Ma, Ching – to Albert and Weiss, Andrew M. A Signaling Theory of Unemployment [J]. NBER Working Paper No. 3565, December, 1990.

[144] Marmot, Michael G. Social Differences in Health Within and Between Populations [J]. Daedalus, Fall, 1994.

[145] Marx, B. M. , and L. J. Turner. Borrowing trouble? Student loans, the cost of borrowing, and implications for the effectiveness of need-based grant aid [J]. NBER Working Paper No. 20850, 2015.

[146] Meara E. Why is Health Related to Socioeconomic Status? The Case of Pregnancy and Low Birth Weight [J]. NBER Working Paper No. w8231, 2001.

[147] Meghir, Costas, Marten Palme, and Emilia. Education, Health and Mortality: Evidence from a Social Experiment Simeonova [J]. NBER Working Paper No. 17932, 2012.

[148] Mocan, Naci H. and Duha Tore Altindag. Education, Cognition, Health Knowledge, and Health Behavior [J]. NBER Working Paper No. 17949 March, 2012.

[149] Mokdad, Ali H., James S. Marks, Donna F. Stroup, Julie L. Gerberding Actual Causes of Death in the United States, 2000 [J]. the Journal of American Medical Association, 2004, 291 (10): 1238 – 1245.

[150] Mokdad, Ali H., James S. Marks, Donna F. Stroup. Actual Causes of Death in the United States [J]. The Journal of the American Medical Association, 2000, 291.

[151] Oreopoulos, Philip. Estimating Average and Local Average Treatment Effects of Education when Compulsory School Laws Really Matter [J]. American Economic Review, 2006, 96 (1): 152 – 175.

[152] Oreopoulos, P., Page, M. E., Stevens, A. H. The intergenerational effects of compulsory schooling [J]. Journal of Labor Economics, 2006, 24: 729 – 760.

[153] Oreopoulos, P., Page, M. E., Stevens, A. H. The intergenerational effects of worker displacement [J]. Journal of Labor Economics, 2008, 26, 455 – 483.

[154] Oreopoulos, Philip, Robert S. Brown, and Adam M. Lavecchia. Pathways to Education: An Integrated Approach to Helping At – Risk High School Students [J]. NBER Working Paper No. 20430, August 2014.

[155] Palme, Marten, C. Meghir, and Emilia Simeonova. Education, Health and Mortality: Evidence from a Social Experiment [J]. American Economic Journal Applied Economics, 2012, 10 (2).

[156] Papay, J. P., R. J. Murnane and J. B. Willett. Income-

Based Inequality in Educational Outcomes: Learning from State Longitudinal Data Systems [J]. NBER Working Paper, No. 20802, 2014.

[157] Peters, H. Elizabeth. Patterns of Intergenerational Mobility in Income and Earnings [J]. The review of economics and statistics, 1992, 74 (3): 456 – 466.

[158] Rau, Tomás, Eugenio Rojas, and Sergio Urzúa. Loans for Higher Education: Does the Dream Come True? [J]. NBER Working Paper No. 19138, June, 2013.

[159] Riley, J. G. Informational equilibrium [J]. Econometrica, 1979a, 47: 331 – 359.

[160] Riley, J. G. Noncooperative equilibrium and market signaling [J]. American Economic Review, 1979b, 69: 303 – 307.

[161] Rose, G. , and Marmot, MG. Social Class and Coronary Heart Disease [J]. British Heart Journal, 1981, 45: 13 – 19.

[162] Rosenzweig, Mark R. and Schultz, T. Paul. Market Opportunities, Genetic Endowments, and Intrafamily Resource Distribution: Child Survival in Rural India [J]. The American Economic Review, 1982, 72 (4): 803 – 815.

[163] Ross, C. E. and C. Wu. The Links Between Education and Health [J]. American Sociological Review, 1995, 60: 719 – 745.

[164] Ross, C. E. and J Mirowsky. Refining the Association between Education and Health: The Effects of Quantity, Credential and Selectivity [J]. Demography, 1999, 36 (4): 445 – 460.

[165] Sander, L. Thinking about developmental process: Wholeness, Specificity, and the Organization of Conscious Experiencing, Address to the Annual Meeting of the Division of Psychoanalysis, American Psychological Association [C]. April, Santa Monica, CA. , 1995.

［166］ Shea, J. Does parents' money matter? ［J］. Journal of Public Economics, 2000, 77: 155 – 184.

［167］ Smith, J. P. Unraveling the SES – health connection. Population and Development ［J］. Review, 2004, 30 (Supplement): 108 – 132.

［168］ Smith, James P. The Impact of Socioeconomic Status on Health over the Life – Course ［J］. Journal of Human Resources, 2007, 42 (4): 739 – 764.

［169］ Smith, James P. The Impact of Childhood Health on Adult Labor Market Outcomes ［J］. Review of Economics & Statistics, 2009, 91 (3): 478 – 489.

［170］ Solon, G. What Do We Know So Far about Multigenerational Mobility? ［J］. NBER Working Paper No. 21053, 2015.

［171］ Spasojevic, J. Effects of Education on Adult Health in Sweden: Results from a Natural Experiment ［D］. Ph. D. – Thesis, Graduate School for Public Affairs and Administration, New York, NY: Metropolitan College of New York, 2003.

［172］ Spence, A. Michael. Job Marketing Signaling ［J］. Quarterly Journal of Economics, 1973, 87 (3): 355 – 374.

［173］ Spence, A. Michael. Market signaling: Informational transfer in hiring and related processes ［M］. Harvard University Press, 1974.

［174］ Spence, A. Michael. Signaling in Retrospect and the Informational Structure of Markets ［J］. American Economic Review, 2002, 92 (3): 434 – 459.

［175］ Statt Anne – Louise. Great Prospects: Employer Provided "Training" as a Credible Screening Device ［C］. February 1998.

［176］ Stiglitz, Joseph E. The Theory of 'Screening,' Education, and the Distribution of Income ［J］. The American Economic Review,

1975, 65 (3): 283 – 300.

[177] Stiglitz, Joseph E. The Contributions of the Economics of Information to Twentieth Century Economics [J]. Quarterly Journal of Economics, 2000, 114 (4): 1441 – 1478.

[178] Stiglitz, J. and Weiss, Andrew. Alternative Approaches to Analyzing Markets with Asymmetric Information: Reply [J]. American Economic Review, 1983, 73 (1): 246 – 249.

[179] Walters, Christopher. Inputs in the Production of Early Childhood Human Capital: Evidence from Head Start [J]. NBER Working Paper No. 20639, October 2014.

[180] Wantchekon, Leonard, Marko Klas ˇnja and Natalija Novta. Education and Human Capital Externalities: Evidence from Colonial Benin [J]. The Quarterly Journal of Economics, 2015, 130 (2): 703 – 757.

[181] Weiss, Andrew. A Sorting – Gum – Learning Model of Education [J]. Journal of Political Economy, 1983, 91 (3): 420 – 442.

[182] Weiss, Andrew. Testing the Sorting Model of Education [J]. NBER Working Paper No. 1420, August, 1984.

[183] Weiss, Andrew. Human Capital vs. Signaling Explanations of Wages [J]. Journal of Economic Perspectives, 1995, 9: 133 – 154.

后　　记

本书在国家社科基金后期资助的基础上，进一步拓展研究的成果。2018年，本人获得了国家社科基金后期资助项目的资助，研究成果为《中国代际流动性的理论与实证研究》，这一成果主要包括理论综述和实证研究两个部分，实证研究部分估计了代际收入弹性的大小，并探究了影响机制。完成了这部著作之后，虽然验证了教育是一个很重要的影响机制，但也引发了我进一步的思考，教育究竟是如何起作用的。加上以前具有一些研究基础，因此开始构思从全视角去分析教育的作用，揭开教育在代际流动机制中的具体路径。在进行数据分析时，并不是很顺利，通过多次地修改理论模型，潜心地学习 Stata 分析软件，才使得研究数据的处理比较细致。因此，本书是在课题研究的基础上拓展而成的，试图从全方位视角去解释教育在代际流动机制中的具体作用路径，从而能够有效地提出政策建议。

在本书的写作过程中，我要特别感谢姜昱汐教授和肖旭教授，姜昱汐教授对于实证研究部分给予了我很大的帮助，每次对于数据的处理、验证，我都会和姜昱汐教授进行探讨，如何能使数据的处理更为准确。肖旭教授对于本书的理论构架部分提出了一些非常有见地的想法，使本书的结构体系看起来逻辑性更强。

还要感谢大连交通大学科研处及经济管理学院的经费资助。感谢经济科学出版社的李雪编辑，不厌其烦的一遍遍校稿，感谢她付出的辛勤劳动。

　　书稿的写作工作虽然告一段落，但错漏之处在所难免，恳求各位专家、读者不吝指教。

　　　　　　　　　　　　　　　　　　　　　唐可月

　　　　　　　　　　　　　　　　　　　　2019 年 4 月